U1012010

《应聘顶级公司》向人们展示了如何换一种方式思考自身，以及如何以一种既有说服力又恰如其分的方式，向雇主展现我们所拥有的沟通特长和经验。

凯思·福克纳

英国Working Links有限公司（就业公司）CBE兼管理总监

沟通技巧和能力的概念真是一针见血。

杰克·威尔伯

美国麻省理工斯隆管理学院职业发展办公室主任

我希望此书能成为业界的标准。

杰克·格拉顿

Major Players（伦敦首席市场招聘代理公司）CEO

现实生活中，求职者都需要向他们的目标市场（雇主）‘推销’自己的产品（沟通技巧和能力）。《应聘顶级公司》展示了如何实现这个步骤。

肯恩·姬莉博士

美国卡耐基·梅隆大学泰珀商学院就业指导中心执行主任

《应聘顶级公司》背后的思想真实地抓住了找工作的全部本质意义所在。前期准备的重点在于明白自己的履历，并明白如何向潜在雇主展示这份履历中最有力且最切题的部分。这个建议和指导直接而到位，并且不仅仅对于找工作的人有益，还会帮助那些招聘人员。

休·雷利

荷兰伊拉斯姆斯大学鹿特丹管理学院职业管理中心主任

我希望其他求职者也能使用电梯推介。

艾弗·叶申

欧洲区域T-Mobile（跨国移动电话运营商）人力资源部主管

一种别出心裁的方法。

西蒙·坦柯德

英国牛津商学院就业部主管

浮士德的方法可以用于找工作的各个方面，从自我评定到面试……分析全面、构思精巧、且易于理解。

安德鲁·杰克逊

伦敦城市大学卡斯商学院

应聘顶级公司

一次性成功的“自我推销术”

比尔·浮士德　迈克尔·浮士德◎著
麻宁◎译

第2版

中国青年出版社

(京) 新登字083号

图书在版编目 (CIP) 数据

应聘顶级公司/〔英〕浮士德,〔英〕浮士德著;麻宁译. -北京:中国青年出版社,2011.7

ISBN 978-7-5153-0103-7

Ⅰ.①应… Ⅱ.①浮… ②麻… Ⅲ.①职业选择-基本知识 Ⅳ.①C913.2

中国版本图书馆CIP数据核字 (2011) 第142743号

北京市版权局著作权合同登记号

图字:01-2008-4902

责任编辑:顾申

出版发行:中国青年出版社

社　　址:北京东四12条21号 (邮编100708)

网　　址:www. cyp. com. cn

门市电话:010-57350370

编辑电话:010-57350505

印　　刷:三河市君旺印装厂

经　　销:新华书店

开　　本:700×1000 1/16

印　　张:11

插　　页:4

字　　数:160千字

版　　次:2011年7月北京第1版

印　　次:2011年7月河北第1次印刷

印　　数:1—6000册

定　　价:25.00元

本图书如有印装质量问题,请凭购书发票与质检部联系调换 联系电话:010-57350337

CONTENTS

目录

迈克尔和比尔的感谢信

Testimonials

本书开始于我们扪心自问传统简历是否可以改进的时候。答案毋庸置疑是肯定的。然而，我们并不是为了写一本书，而仅仅是为了改善我们自己的事业前景。

我们分析了传统简历，发现了许多的缺点和局限，并发展出一些别样的想法。我们针对这些想法在被选人群中做了测试，获得了丰富的建议和积极的赞扬。某天，在和一个招聘执行官的公司聊天时，他们问电梯推介从何而来，我们是从哪本书中找到的。于是我们决定进一步发展我们的想法，并将其与您分享。没有他们最初的接纳、反馈和质疑，这本书也永远不会问世。

我们也要感谢我们的朋友和同事，他们的作用如同共鸣板一样，还慷慨地让我们使用他们的人生经历。他们既是法官又是陪审员。没有他们，我们的文字将是贫乏无味的。感谢约翰·鲍德温、肯·利文斯通、贾斯汀·科布、马拉·哥德斯泰因、南希·普伦德加斯特、理查德·戴维斯、杰克·格拉顿、马克·贝尔利、查理·多勃雷斯、凯特·玛诗、马克·斯卡夫梅克、达伦·菲尔、路易斯·麦德利、劳拉·尼尔逊、尼尔·豪林、菲奥纳·穆利、迈克尔·马修斯、大卫·沙尔普、安娜·莫利纳、艾丽卡·马丁，以及伯特·泽维尔斯。

我们还要感谢所有自第一版发行时就给予我们支持和鼓励的人。尤其要感谢众多世界顶级商学院和大学的就业管理服务机构，他们支持我们的想法和观念，并帮助我们完善思路。他们非常慷慨地抽出时间，并给予我们赞许。

也要感谢我们皮尔森教育的出版团队，理查德·史泰格、芮秋·斯道尔克以及他们的同事，为我们开启旅程。我们还要感谢国际版权组，让这本书能够在二十多个国家上市。

要感谢的还有我们的合作伙伴和赞助方。我会永远铭记奇米的毅力、灵感以及和蔼的微笑。

比尔还想感谢简和黛西·米尔斯，并把此书作为礼物献给她们。此外，他还要特别感谢索菲·鲍尔温。

由于有这些我们收到的慷慨信息作为基础，我们的观点得到了进化，于是现在我们决定更新首发于2002年的第一版。

最后，我们必须感谢您购买我们的书。我们希望您能像我们享受创作乐趣一样，享受阅读第二版的乐趣。

谢谢！

迈克尔，比尔

前言

你所需要知道的，就是说和做

《应聘顶级公司》介绍了一种出售自己的新鲜而创新的方式，让你的老板能够“购买”你。为了获得你真正想要的工作，你需要在众人中脱颖而出。在面试程序的每一个步骤中，你需要回答你的下一任老板一个基本问题：“你能为我提供什么？”我们管这个基本问题的答案叫做你的电梯推介。《应聘顶级公司》可以在以下几方面为你提供帮助：

- 创建最有效率的简历
- 给出最佳面试表现
- 编写极具吸引力的求职信
- 管理评估中心
- 管理自己的推荐人

你将学到如何表达自己的独特之处。你将了解潜在的雇主需要的是什么。你将学到如何在应聘过程中的每一步向他们展示他们希望得到的东西。你还将通过基本而理智的重新思考，认识自己的不同之处，从而转变自我推销的方式。

30秒内留下印象

第一印象意义重大。你与下任老板的第一次接触至关重要。不论是在招聘会上还是和求职公司的第一通电话中，如果你的简历和求职信没有传递出恰当的印象，一切都太迟了。你将永远不会获得面试机会，你也将永远不会被列入考虑范围。

你只有不到30秒的时间树立这个第一印象。是的，不到30秒。首次浏览你简历的时间只有20至30秒，而在这不到30秒的时间内要创造良好的印象。你会写些什么呢？不到30秒的时间乘电梯上五层楼？你会说些什么？你知道如何明智地利用这几秒吗？你能在这30秒内把自己推销出去吗？“你将为我做什么？你能为我提供什么？你有什么附加价值？”你能用30秒来回答这个在整个招聘过程中唯一起决定性的问题吗？不到30秒的时间被挑中。不到30秒的时间出局。你能确保你的30秒能物尽其用吗？

你将学到如何用一种全面而简洁的方式表现你的与众不同。你将学会如何充分利用这30秒时间。你还将学到如何将30秒的出售转化为30秒的购买。你的第一印象将起到应有的作用。

作一次准备

你会按照一步一步的指导，了解自己的独特之处。你会看到详尽的准备工作所带来的好处。你会明白如何创建用于评估电梯推介的一系列结构单元。这些结构单元使你能够轻松地为每一个公司定制和改编你的电梯推介。这些结构单元还能简化求职信的编辑、新建立的创建、申请表的填写、中心评估的准备，以及帮助你在面试中轻松获胜。

你会发现，你现在在时间和精力上的投入会在日后为你节省时间，确保每一步的交流切实有效，缩短整个应聘流程，并为你提供最可能的新的固定工作机会。

正确的准备工作是你人生中从事任何事情的基础。尤其是当你寻找下一份工作的时候。你的事业是仅次于爱情、生活和死亡的重要事件。你愿意把你的事业托付给机遇吗？你乐意看到自己的简历如此逊色吗？你希望自己的求职信生动有趣还是空乏无味？你希望在面试中发挥出色还是草草了事？你难道不想把获得的每个机会都发挥到极致吗？你希望在应聘过程的每一个阶段都表现出最佳实力吗？如果错失了你非常想得到的工作，你会高兴吗？

在实践中检验

《应聘顶级公司》在2002年首版发行时曾广受赞誉。

第二版目前已经修订更新完毕，吸收采纳了我们在全球40余家顶级商学院和大学所进行的研讨会及演讲活动的反馈情况，从北美的麻省理工学院到皇后大学，从欧洲的鹿特丹管理学院到伦敦商学院，从澳洲的奥塔哥大学到马凯瑞大学工商管理学院。此外，通过与这些机构中的就业指导顾问接触，我们已经帮助了成百上千的人们实践了我们的思想，并创建了他们成功就业的电梯推介。

你的电梯推介通过转化兜售自我的方式，来回答这个最重要的问题——你能为我提供什么。它重新调整了你的重心，让你的焦点从过去转化到未来，从卖方立场转化到买方立场。它能化被动为主动。你会将你是谁、你会如何工作放在第一位，而不是你曾经做什么工作、在哪里做。你是谁，你是如何工作的，这是老板们所寻找的资历，因为它们展示了你的人格、个性、能力以及在新的工作岗位上你的未来价值和表现潜力。

你会获得创建个人电梯推介的重要工具。你会学到如何发现并理解自己的个性、能力、素质，着重突出那些在工作的每一个阶段让你与众不同的品质。你将看到如何构建和编辑自己的电梯推介，以及如何在一个人才过剩、沟通过度的社会中自我定位。

第一章向你展示了为什么你需要与众不同，以及为什么我们应当摒弃传统简历，让它终结在这个变化万千的工作世界里。

第二章定义了电梯推介的结构单元，以及你的个人前途、沟通能力和职业教育履历。

第三章告诉你如何发现并创建个人电梯推介的结构单元。一个循序渐进切实可行的指导方案将在整个过程中给你指引。我们将为你展示你需要知道些什么、说些什么、做些什么，从而创建你自己的结构单元。

第四章告诉你如何评估自己的电梯推介，使用你的结构单元在每一次机会中设立目标并调整适应。

第五章对一本求职书籍来说是不同寻常、独一无二的。这里你会看到那些乐于分享经验和个人电梯推介的真人真事，从飞行员到宠物护士再到伦敦市长。

第六章对这一独特方法进行了总结。今天的阅读学习将成就明天的好工作。

chapter 01

传统简历的终结

The death of the traditional CV

你将学到

- 如何在应聘者中脱颖而出
- 传统简历已经终结
- 未来的表现将不再是过去的表现

CHAPTER 01

如何在应聘者中脱颖而出

申请工作就如同约会。如果你只是简单列举以前做过的事情，你将什么也得不到。在你有机会发展一段感情之前，你需要编造一些关于自己和未来的激动人心的事情，并考虑这些事情和你的同伴有何关联。正常情况下，你不可能只约会一次就结婚，如同任何人际关系一样，寻找下一份工作就是欲望的放大表现。

如何从所有应聘同一职位的求职者中脱颖而出？你知道必须了然于心的最重要的问题吗？一份传统简历能够满足你的抱负吗？你表达出的想法能直切面试人员的关注和目的吗？他们关注的是什么？你了解自己吗？你相信引人注目的关键就在于选择性的交流吗？求职信的作用是什么？你认为面试是一段关系的开始吗？你是否想要一份自己理想中的工作？你的职业生涯在自己的掌握之中吗？你相信组织的改变可以影响你将要获得的工作类型吗？你有没有想过是什么让一份普通简历变成精彩简历？你最近一次抽出时间思考这些问题是什么时候？被问到的最重要的问题是什么？你何时需要做出回答？

老板提出的最重要的问题

为了得到理想中的工作，你必须回答下一任老板提出的这个最重要的问题："你能为我提供什么？"

应聘顶级公司

传统简历的终结

你必须回答下一任老板提出的这个最重要的问题：

“你能为我提供什么？”

要回答这个问题，你要潜入他们的思想，钻进他们的心里，像他们一样思考，像他们一样行动。你必须考虑他们的需求，以及如何满足他们的需求。你需要想象自己坐在他们的办公桌前，问问自己是否愿意聘用你。你需要将筛选人员、把关人、有影响力的人、支付你薪水的人全都考虑在内。你必须知道他们认真对待的是什么，因为那正是他们寻找和想得到的。

你需要将自己相关的经验转化为强力的证明。你需要使用他们的语言以唤起他们的需求和兴趣。通过清晰地表达自己的成就，你需要明白为什么自己是适合这个职位的人，以及这些成就和你所应聘的工作有何关联。你不需要告诉人们你有多了不起，而是向他们展示你有多了不起。

你需要直接针对他们的关注和目的表现自己，要热情、诚恳、沉着、自信。你需要以一种勾起老板聘用欲望的方式推销自己。

经常回答这一重要问题

对下任老板的这个最重要的问题，你要在初次见面时回答他，再次见面时回答他，第三次见面时还要回答他。每一次你们见面，你都要回答这个问题，直到他们录用你。每次回答，你都要采取不同的方式，但是每次都要切中他们的关注和目的。由于你没有机会再次树立第一印象，所以初次见面的时候是最重要的。

你曾经有多少次对一场演讲失望？从一开始你就没弄明白正确的目的和方向。你会很快失去兴趣。演讲者似乎对自己的内容并不确定。他们没有清楚地表达出来。他们没有考虑过你想知道的是什么。现在想想当你面试那些想要加入你的团队的求职者、回顾他们的简历的那些时刻，他们是否钻进你的心里，让你的工作从一开始就轻松便捷呢？

让你的下任老板聘用你

图1.1展现的是一个简化了的招聘流程。从求职信到聘用书，中间的每一个阶梯都意味着雇用意向的一个上升等级。这个关系中的每一步都是关于你。但也是关于他们，所以你需要找出一种方法，迅速而持久地进行下去。

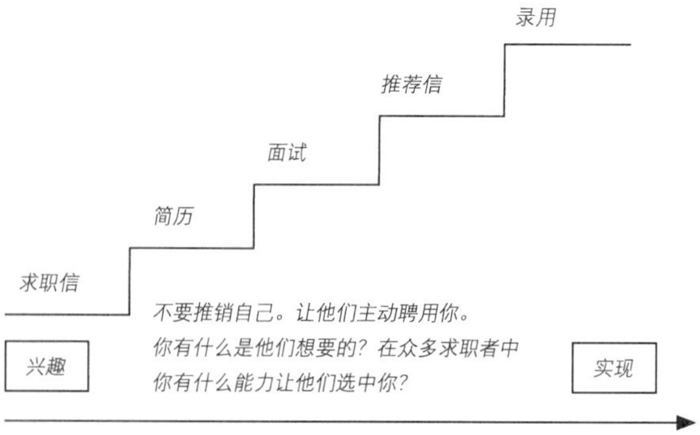

图1.1　每个步骤都向他们展示你拥有他们想要的东西

你将与把关人见面，他们是有影响力和决策权的人。人们会筛选你。你将遇到猎头公司、人力资源部主管、总经理、你的下任顶头上司、你未来的团队成员、未来的同事或你的竞争对手。你将遇到接待员和秘书。你想给他们留下什么样的印象？你出售的是什么？

《放客企业》这本专题著作讲述了我们世界的一种新秩序——放客，书中写出如下振奋人心的口号：

> **原则：公司销售的东西和他们客户购买的东西是两码事。因此，偶尔把自己放在客户的角度，问问他们真正想买的是什么，这也是个明智之举。答案百分之九十九不会是你想要卖的东西。**
>
> 《放客企业》，J. 里德斯提尔（J.Ridderstrale）
> K. 诺德斯托姆（K.Nordstrom）

把你自己放在他们的角度上，想象试着为他们简化程序。你是否想过他们每个人要了解的最重要的事情是什么，何时应该让他们知道？你需要考虑他们的关注、兴趣和价值。如果你不确定他们要买什么，你能否回答他们的问题：“你能为我提供什么？”

公司在购买你未来的表现

能力要求聚焦于如何工作以及采用什么方法上，而不是你的工作是

你需要考虑

他们的关注、兴趣和价值

什么。能力要求描绘了你的潜在特点和个性，让你能够在一个岗位上表现得更为出色，并且摆脱对你能力的传统关注部分。

公司需要对的人在对的时间对的地点用对的方法做对的事。能力要求使组织能够在员工的识别、分析和评估上更为严谨。由于组织平面化以及管理层的削减，能力要求被各组织开发、整合、执行，用来代表工作表现。图1.2展示了一家公司通过在组织内部创造一种普遍的愿景和语言——将商业目标和行为与公司内各职位贯穿起来的途径，运用能力要求提供了一种跨越时间、地理、文化和工作障碍的稳定分析和评估方法。

公司内部员工的行为和其企业文化之间存在一种关联。这种公司内代代相传的规则在公司招聘、提升和发展员工时被重复使用，并逐渐固定下来。它为一个组织如何繁荣发展以及组织的自我认定界定出一个速成方法。公司的愿景和使命决定了该公司从事的业务。而谁、怎样、什么这三个成分决定了一个公司的企业承诺。

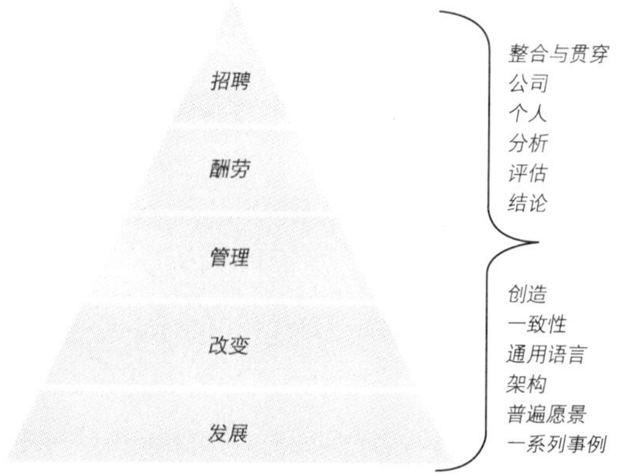

图1.2　能力整合

公司归纳出自己面临的挑战，以及每个职位相关的挑战。一个职位描述的创建整合了表现、结论以及能够让人达到特殊挑战难度并将其克服的行为。这样的职位描述就叫做工作DNA。典型的传统DNA涵盖以下几个方面：

- 背景：从工作尺度到目的愿景的职位背景。
- 需要做：从主要职责到人际关系，个人需要做些什么。
- 需要知道：技能、知识及先前经历。
- 需要成为：在价值、能力、素质方面，需要成为什么样的人。

图1.3为你的下任老板展示了企业承诺和工作DNA。被识别出的能力要求对该职位来说相当详尽。从面试到推荐信，整个应聘过程会在一个特定情况下浏览你过去的活动和实际行为，以便按照规定好的能力要求评估你的适合程度。

不是所有的公司都以如此严格的方法运用能力要求。然而，在每一个你参与的面试中，你都将会被问到为揭示你能力而设定的问题。你可能并没有意识到，而他们也没有意识到。回想一下曾经被问过的问题，考虑一下那些为测试你思维和解决问题能力而设计的所有开放式问题。

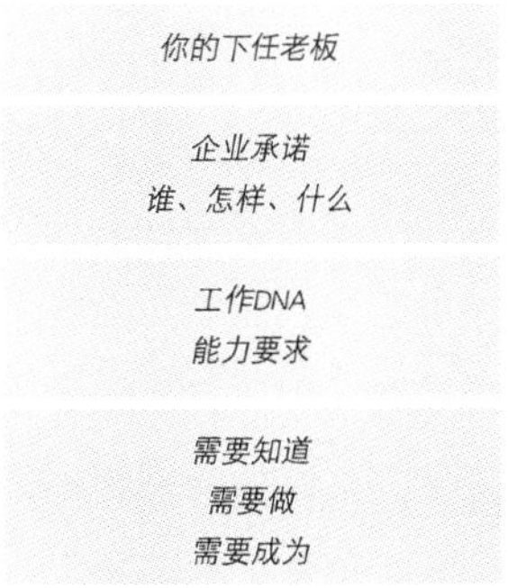

图1.3　你的下任老板

如果他们购买的是能力，你又是用什么来出售自己呢？毫无疑问是传统简历。但是它能很好地推销你吗？你会购买你自己吗？

传统简历已经终结

传统简历已被终结。以下是原因。

简历中常犯的错误

当前有一份调查分析评估了递交给一家猎头公司的200份简历，并做出如下总结：

- 将近三分之一的简历因为犯了基本错误而被否定。
- 大约40%的简历运用框架列举，因此易于理解。
- 将近四分之一的简历超过3页，给读者带来过度的压力。
- 34%的简历不能简单迅速地反映出本人从事什么、在哪里从事。
- 23%的简历错误地优先了不太相关的信息。

或许你也会认为这事态不太乐观。你也会认为这些调查结果并非个例。你在招聘新员工的过程中经历过同样的情况。你也曾看到过一些基本错误，以及缺乏明晰地表达该应聘者能为你做些什么。有多少次读到关于个人能力的个人总结陈述，但又与简历的其他部分毫无联系？问问自己，对此人的反面评价是什么？这调查得出的五条结论可以被归纳为两个广义主旨。前三条结论是关于外观问题。后两条则处理简历的实际内容，提出“该简历的目的是什么”这一问题。好的内容会由于不佳的外观而大打折扣，而空洞的内容将永远不会因为好的外观而加分。

大多数简历书籍都会告诉你如何通过纠正不佳的外观而创建一份漂亮的简历。我们无法认同。传统简历的内容存在很多根本问题。

过去简历的掠影

倒叙简历开始于最近的一个职位，并暗示了你事业的所有方面都是在为这个职业作准备。这是一个历史性、全球性的共识。你的传统简历像一份目录一样阐述了你曾经做过什么工作，在哪里工作。而你也已经为此得到了报酬。

一份传统简历会把你推入困室，让你很难脱离，尤其是当你想更换职位或行业的时候。一种对过去的线性掠影并不是最管用的工具，因为它所强调的你过去的职位和你的未来并无关联。当比尔希望从财务部门脱离出来、留在市场部门时，猎头公司就将他困住了。尽管曾在各种交流中心拥有广泛的背景，跨行业管理过各种事物，也曾在跨国公司的市场部门工作过，别人对他的印象仍然停留在他的上一份工作上。

如何筛选自己的经历

招聘程序的目的在于尽可能降低雇用奉献，而不是将机会最大化。

你可以把你的
传统简历画成一座冰山

图1.4阐释了所有招聘程序的两个典型阶段。我们有必要进行人员筛选，削减一部分应征者，而初次浏览简历的时间也只有20到30秒。筛选是基于作为合格者的条件——你的经历与公司的要求是否相符？并且往往只关注与你的工作职位或行业。筛选是基于你曾做过什么以及在哪工作过。筛选也会考虑到根据你的个人简历所展示的经验，你将有可能完成什么任务。你可以看出，作为招聘过程的初始阶段，筛选专注于你的资质和经验，但这仅仅是你整个履历的一小部分。这些资质和经验不会帮你找到工作。它们只是敲门砖。传统简历有三种方式将能让你与各种机会失之交臂：简历没有运用他们的语言，简历需要辨认，你看起来和别人都一样。

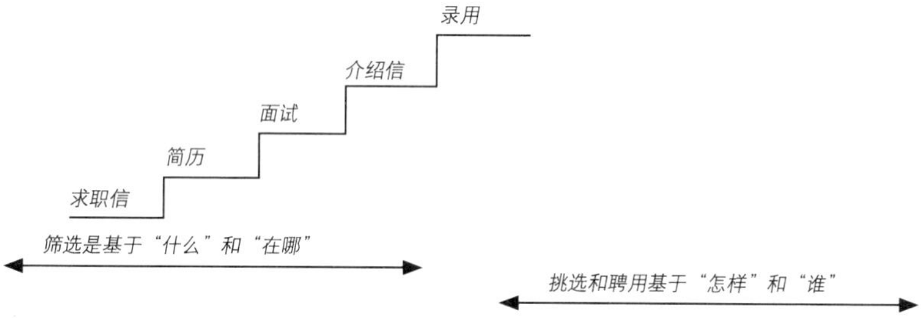

图1.4　风险最小化

要使用公司需要的语言

你可以将你的传统简历画成一座冰山，像图1.5那样。水面下的冰山要远大于水面上的部分。那些可以看到的冰山是关于你做过什么、获得过什么成果以及你是在哪工作的。而大部分冰山还藏在水下。这些隐藏的冰山代表了你的能力。能力是指那些能够使你迅速给出结果的特点和行为。它们描绘了你是如何得出结果的，以及你是谁。而你的传统简历把你的能力、你基本的结构单元隐藏在一个按时间顺序规则排列的模式之后。在公司招聘程序的每一个步骤中，你的传统简历并没有使用那些想要雇用你的人们的语言。不要让你的下一份工作撞上传统和错误信息的冰山。

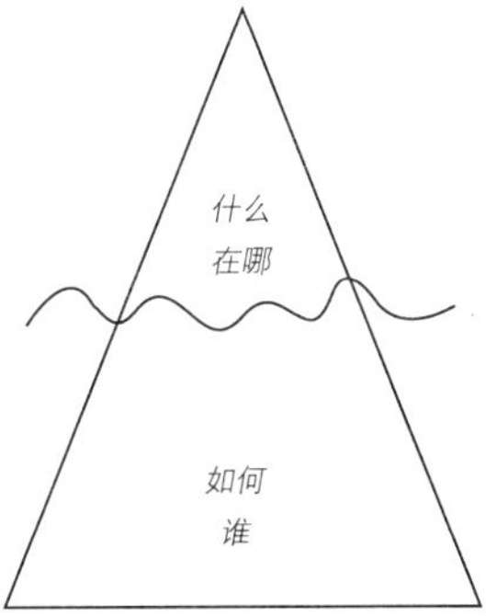

图1.5　你的传统简历冰山

给公司一把了解你的钥匙

由于传统简历没有运用他们的语言，所以需要辨认。你的下一任老板必须解开你简历上标准化、功能化、历史化的虚饰，才能展现那些能够使你迅速得出结果的基本动力、特点和能力。他们需要在初次浏览你简历的20至30秒内解开这层虚饰。你正在让某些人辨认你的简历、你的职业DNA、你的职业传承方式以及你拥有的最宝贵的品质，却没给他们钥匙。辨认是一门不准确的技术。那些按错误优先顺序排列的信息，以及从你的角度写出的不符合他们要求的信息，很可能让你在一次快速判断中出局。

不要和其他简历都一样

传统简历让你看来和其他求职者都一样。所有呈现在你下任老板面前的简历都展现了相似的技能和经历。他们发现要挑出一份简历相当困难，因为简历中没有明确说明你能如何帮助他们建设公司，或如何促进他们文化的发展。你漏掉了自己的个性。他们看不到你的风格、动力或价值。你清楚地说明了“什么”和“在哪”，这样你看起来和别人都一样，而你漏掉了“谁”和“怎样”，这才是让你与众不同的关键所在。

在爱丁堡大学管理学院的一次研讨会上，一位女士说她刚刚招聘了一名新的医生。她拒绝了报纸招聘来的一个拥有将近10年工作经验的求职者，以及一些专业领域的专家。她收到了上百份的简历，并且每一份都满足录取要求。但是所有简历上的内容都大同小异。当被问到如何挑选出6至8人作为面试人选时，她的回答竟是通过参考他们的习惯和兴趣、按照个性来挑选的！这也许是个挑选人员的好办法，但是传统简历已经把独一无二的医生并入了同类项。没有人表现突出。设想如果有一名医生写下了他的能力，包括识别、组织和规划能力，他会如何评估和传递信息，或如何与其他方面协同工作，并适当地处理来自各种背景的人们。这些人本应该脱颖而出。他们本应该成为一名更好的医生。而招聘程序也本应该没有那么随意。

灵活性和敏捷性是

重要动力

传统简历得不到最好的效果

在过去的100年中，简历成为一种标准的世界流通货币，而现在正由于我们工作模式和环境的改变而遭遇贬值。

传统简历反映了一种纵向职业的传统结构，这种结构是在一种等级分明的组织中被界定和体现出来的。反过来这也符合许多招聘中介的结构，因为他们的功能和行业限制都是为公司提供服务而设立的。传统简历是最简单的方法，但并不能得到最好的招聘效果。

传统企业结构的分裂和瓦解改变着你职业发展的方式，也改变着你的招聘和录用条件。世界将持续被重新策划、重新组织、合并、巩固、网络化、矩阵化、缩小规模和削减层次。更为单薄扁平的公司已经出现，来取代等级制度、职业专家以及工作头衔等这些正统限制。这些组织模型更重视运用网络关系、贯穿灵活矩阵进行工作的分散的跨部门工作小组，组中成员都具有相关知识和能动性。灵活性和敏捷性是重要动力。导航需要多方面技能。由于个人拥有了持续增长的新的横向工作机会，导致对公司的忠诚度下降。工作模式、管理的本质和范围、领导阶层以及未来需要的技术和能力都在不断进化。自主性增强，而指导性减弱。重点落在学习和适应的必要性上，而不是表现和执行上。权威不再是由头衔来授予，而是通过尊敬来获得。

由“你曾经做过什么工作”和“曾经在哪工作”来定义的你的过去，不再可能被认为是你未来价值的晴雨表。线性模式已经消亡。传统简历属于那些在你身边瓦解和转型的过时企业群。传统简历是约束你在这个工作新世界中成功推销自己的一件紧身衣。

未来的表现将不再是过去的表现

如果人们选择让你在招聘程序中展现能力，你就不应该让他们的工作太困难。

图1.6 展示了你该如何应对公司雇用方式的改变，以及如何通过适应他们的思维方式而进行应聘。我们没有理由生活在传统简历表象背后的过去时光里，强调自己过去的表现，因为这会让你在筛选中出局。它没有回答下任老板的关键问题：“你能为我提供什么？”

图1.6　依靠能力生存

能力要求是
未来表现的表达方式

世界在前进，是时候关注一下你未来的表现了。能力要求是未来表现的表达方式，并向你的下任老板证明你是如何做到的、你做了什么，以及为什么去做。能力要求帮助他们在一个非线性的动态世界中理解你未来的能力。能力架构被整合嵌入公司内部，来构建其员工招聘、发展和保留策略。能力要求通常用来估量和评价那些已经进入招聘渠道但在开始阶段并不明确的人们。调查已经证实你可以通过在任何工作过程的开始阶段展示你的能力，而提高你的中选概率。如果你在申请阶段就纳入了你的能力陈述，你会增加入围的机会。两位澳大利亚的组织管理心理学家布莱特（Bright）和艾尔（Earl），职业发展、选择、测试和培训方面咨询并撰写文章。他们研究了能力陈述应该包含和不该包含的内容，以及这些内容是如何影响招聘人员的选择，从而选中一名求职者的。研究结果是一致的，他们还总结出“你加入的能力陈述越多……你就越有机会入围”。

你必须在招聘程序的每一个步骤都展示出你的能力，因为它们会产生不同的效果，并且提升你获得理想工作的概率。

如今，“谁”和“怎样”要比“什么”和“在哪”重要得多。

chapter

02

用“电梯推介法”推销自己

Elevator Promotion

你将学到

- 招聘程序中每一个步骤的目的
- “电梯推介法”的核心三要素

招聘程序中每一个步骤的目的

用60秒的时间推销自己

当你步入一部电梯时，看到你想要工作的那家公司的总裁或人事主管正朝你走来。他们也上了电梯。他们和你一样，恰好在同一时间，和你相遇在世界上同一处角落、同一座城市、同一幢大楼。按下最顶层的按钮，你便俘获了一个听众。你有六层楼或大约60秒的时间来展开交谈，告诉他们你会如何帮助他们的公司，让他们兴奋起来。你也许会想起电影《卡萨布兰卡》中鲍格特曾说“世界上有那么多的城镇，城镇中有那么多的酒馆，她却走进了我的”，或者你会更乐观地想到《阿甘正传》中的经典台词“妈妈常说人生就像一盒巧克力。你永远不知道会得到什么”。

你已经浪费了一些宝贵时间。你只剩下五层楼了。现在只剩下四层。你要做点什么？你能抓住这次邂逅和命运吗？你会说些什么？你能在接下来的30秒内以一种对他们来说有意义的方式为自己做出总结吗？又或者你会由于害怕失去机会而什么都不说？

这也许看起来太过理想化，但是据拥有世界新型电梯设备市场28%股份的奥提斯估计，电梯每72小时就能承载相当于全世界人口总数的人。相当于每72小时大约64亿！你能拥有多少这样的交谈机会？也许机会将在你下一次步入电梯时来临？

6层楼让你无法达到你的目标，仅仅是由于6层楼的分隔。你也许听说过，地球上的每一个人和其他人的分隔程度不会超过6个等级。你可以通过一连串熟人与这个行星上任何一个人联系起来，而这些中间人不会超过5个。你可以结识任何一个想要结识的人。你的同事和朋友认识的人中，有谁是你想结识的？午餐排队时站在你后面的那个人怎么样？在公交车站呢？谁现在离你只有6步之遥？如果要结识，介绍人会怎样介绍你？你会让他们如何介绍你？你会怎样获得这样的会面？你做好邂逅的准备了吗？你做好交谈的准备了吗？

你做好交谈的准备了吗

电梯推介是你可以说、写、做的最必不可少的东西，可以证明你拥有别人想要的品质。电梯推介专注于你将如何帮助你的老板，并为你吸引注意力。把自己看成一个以不同方式绑缚在一起的各种能力的集合体。当你有效地开发、捆绑、推销和出售自己能力的时候，你就会引起别人的注意。

图2.1展示了找工作的全过程。左边的图表显示了你找工作的战略。你考察了外部环境、市场和产业，辨别出自己可能会选择的职业。你考察了自己的内部环境，通过更加深入的自我了解，根据你所发现和整合的能力，决定自己能做的职业。通过左下方三角中呈现的公司招聘和发展渠道，能帮你定位你能够工作的公司和你希望从事的工作。图

2.1的右半部分呈现了表达自己所选战略以及创建个人电梯推介所需要的简单交流方式。它显示了那些需要你回答的问题，以确保你的交流能在对的时间以对的方式向对的人说对的事。当你用一种令人兴奋的、关联性强的方式达到他们的需求时，就会明白要说的话、写的内容、做的事情中，能够帮你成功应聘的最有动机性和必要性的部分是什么了。

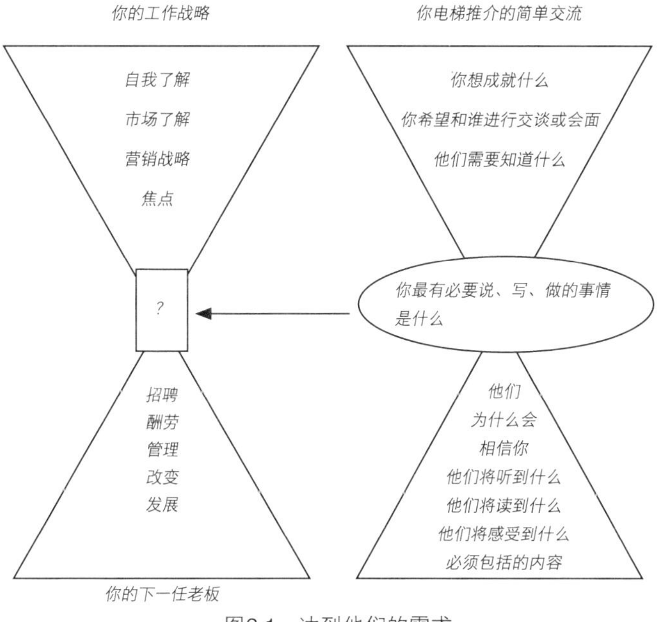

图2.1　达到他们的需求

为了发掘那些能够帮你吸引注意并把握期望职位的必要的信息，你必须要了解公司和自己。当你辨别、分析、评估和创新性整合那些决定你是否达到他们要求的自身能力时，你要了解自己和自己的价值。在一些商学院和大学中进行讨论时，我们有时会问，是否有人愿意走上前来，用两分钟的时间说说自己。人们总是想“噢，我不擅长这个”，而找出各种借口推托。如果我们让他们花两分钟的时间讨论兴趣或最喜爱的运动，则并不会相当困难。但是这样做并没有什么意义。为什么谈论喜欢的运动会比谈论自己更让你感觉轻松？如果你连自己都不了解，你又怎能告诉别人你可以从事什么？他们为什么要雇用你？

你的电梯推介如何让别人记住是十分重要的。如果你的电梯推介被人记住了，那么你就成功地给人留下了印象。

你需要在读者的脑海中留下你的印象。根据理论家巴特利特（Bartlett）和艾宾浩斯（Ebbinghaus）提出的记忆“建构”理论，人们记住你的方式将有赖于此人脑海中已有的东西。因此你需要结合读者或听众来创建自己的电梯推介。

——英国心理学家哈里·伯吉斯博士

为了达到这样的效果，把自己想象成那个人。设想他们可能拥有的工作生活和兴趣。试着找出你和他们之间的共通点，并将其融入你个人的电梯推介。如果你创造的自我形象与他们兴趣的某些方面有关，甚至跟这份职业并无直接关联的情况下，你都更加有可能给这份电梯推介的读者或面试你的工作人员留下印象。为证明以上观点，你可以与好朋友一起实践。写出两个段落，详细阐述你感兴趣的一个话题（例如一个爱好或运动，并确保加入大量细节）。然后让你的朋友读两遍，之后放在一边，并在15分钟后回想读到的内容。你会发现如果你的朋友在他自己的生活中遇到过类似事情，他们就会记得更多的细节。相反，他们则会发现有些事情模糊不清，难于详细回忆。你还有可能发现他们会将你写的东西润色，并加入新细节！这就是你所给出的信息和他们记忆中已经存在的事件相互关联的有效证据。

你的电梯推介是
一场30秒的谈话

你的电梯推介与读者或听众正确关联的重要方式之一，就是永远从他们的角度、用他们的语言、用能力的语言来打造个人电梯推介。你要将他们的注意力集中在他们想知道的事情上，最大限度利用招聘程序中的每一个步骤，如图2.2所示。你的电梯推介是一场30秒的谈话。这是21世纪的新型简历，有能力把内容萃取和浓缩到初次阅读的20至30秒内。它是一份面试准备的内容概要。你的电梯推介会简要地把你的情况告知推荐人。

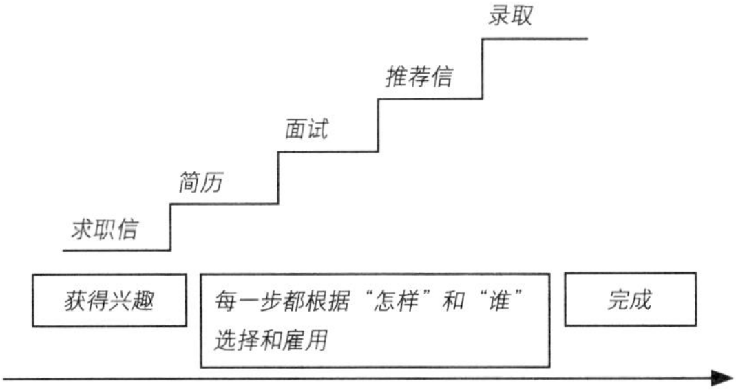

图2.2　按照“谁”和“怎样”雇用员工

在招聘程序的每一步，你们的交流都需要有所区别。良好的沟通反映了彼此的智慧、时间和需求。图2.3显示了求职信的作用就是让人阅读你的简历。简历的作用就是让你能够获得面试机会。申请表的作用也是帮你获得面试。面试的作用是让你获得职位。推荐人的作用就是确认他们的结果是否可靠。

求职信向你的下任老板讲述你是如何达到他们的企业需求的。你的简历或申请表为你能达到工作要求提供了证据。你的面试证明了你是如何达到工作要求的。通过评估中心的一系列任务，展示了你是怎样达到工作要求的。你的推荐人确认了他们和他们的同事所看到和得知的你所说内容的真实性。

通过每一步，你的新老板都会更加深入地积累对你的认识。

步骤	你的目的	如何实现
求职信	阅读我的简历	讲述
简历或申请表	消极：不要将我筛除 积极：给我面试机会	证据
1~n轮面试	获得工作	证明
评估中心	获得工作	展示
推荐人	确认	确认

图2.3　谁在何时应该知道什么

“电梯推介法”的核心三要素

你的电梯推介有三个结构单元。每个单元都由更小的结构单元构成。从创建极具吸引力的简历、向推荐人简要介绍、撰写求职信、面试准备工作、评估中心，到申请表格，所有信息的设计都是为了在应聘程序的每一个步骤中帮助你而整合起来的。这三个核心结构单元是：

- 自我评价
- 职业DNA银行中一份可转移资本清单
- 职业和教育履历

你的电梯推介建立在你的可转移资本之上。可转移资本是你在多种情况下同一复杂性等级中所能展现的某一能力。你的职业DNA银行是展示自身职业遗传密码的一份可转移资本清单。你的自我评价是一份可执行的总结，总结了可转移资本的收益。这一框架的设计目的就是绑定和聚焦价值的来源——你的可转移资本，作为你下任老板的独特而可靠的收益。

第一要素：自我评价

自我评价专门用来解决许多传统简历开篇的个人总结中出现的问题。通常，这一个人总结只是一个主观形容词的列举清单，只能造成“那又怎样”的回应，因为在传统简历中，后面的内容并不能证明它们的真实性。它们的创建并没有真实性和客观性，因为它们并不是建立在事实的基础上。是否有人曾经停下来思考这些问题：“从反面来说我又是什么样的人？谁会不想以客户为中心？或谁会不愿意努力工作？”这样的个人总结只是一种技巧，并没有任何意义。

你会注意到，我们把个人总结更名为自我评价。一个是只看到过去，而另一个着眼将来。自我评价是未来表现的一份保证书。你的自我评价能帮助你创建一幅三维图画，使你的下任老板能够迅速抓住你的以下三个主要优势：

- 你是谁
- 你是怎么做的
- 你做了什么

你的自我评价清晰地指明你能提供什么，以及相关联系建立时，为什么人们会继续读下去，或者为什么他们会继续听你说。你要告诉他们你具有他们想要的能力，并在招聘程序的每一个阶段向他们介绍你的个人素质。

以下是几条自我评价，本书后面我们还会更加深入地探讨。

“我把生活的乐趣融入我的工作。通过了解问题的必要性来找出解决办法。18年的实践，从广告到出版，我将世界范围内广泛的行业领域中产生的各种营销理念整合起来。”

“我以一种平静和理性的方式生活。拥有11年资深兽医护士的经验。如果有可能，我希望骑着我的小马去工作。”

“聪明的风险承担者。创造性解决方案的方向引领者。乐于融入并适应各种环境。在国际石油产业界拥有28年数百万美元的机械施工项目领导经验。”

你的自我评价应该跟以上几个例子一样——直接、简单、清楚、有方向性。它应该表现出真实的你。

“当我浏览传统简历时，我很少看到面具下求职者的真面目。我喜

你的自我评价

清晰地指明你能提供什么

欢自我评价——它揭示了隐藏的个性，为电梯推介带来活力。在面试阶段我们总会忘记个人的特性是巨大的卖点，自我评价在申请阶段就将之呈现出来。”

——艾利森·埃德蒙　英国曼彻斯特商学院就业指导中心主任

第二要素：可转移资本的职业DNA银行

可转移资本是你的信用货币。正如钞票可以承诺在未来支付持票人一定的金额那样，你的可转移资本是你的凭证，用来担保你对未来贡献和价值的承诺。

可转移资本是你价值和竞争优势的来源。它是一种能力，你可以通过在多种情况下同一复杂性等级中展示它的使用来证明这种能力。它专注于如何从事一份工作，以及你是用什么方式从事的，而不是你的工作是什么。你所完成的结果展示了你某种能力的等级。

能力是一种表现的语言。能力是为了交付工作中的理想结果而绝对需要做的事情。能力是与处事方法相关的一个或一组行为。它们描述了你的潜在个性和素质，使你能够在自己的岗位上表现得更好，并且它们还跳脱了对你资质、技能和经验的传统关注。能力具独特性和行为性。

能力专注于如何从事一份工作，

以及你是用什么方式从事的，而不是你的工作是什么

它们能够被人们观察和度量。你不仅能够开发出更多能力，而且还能把现有的能力发展到更深程度。

能力对一个公司和一个职位来说是特殊的。能力可以是天生的商务或技术特长。商务能力可以划分成入手能力或表现能力。入手能力是不考虑你的功能和资历而需要展示的重要行为，如正直和诚恳，但是它们对表现并没有必要的影响。表现能力是那些将优异从平庸中区别出来的行为，如客户至上、开发直接报告或在飞机上学习。技术能力专指你的功能，以及那些在类似营销或会计这些功能领域里确保获得成功的行为。能力可以单指本性中的某一项，如坚持不懈。能力还可以由一些单独的能力或小型的能力组构成。例如，前瞻性的领导能力和创造性的吸纳能力，可以成为更高一级能力的组成部分，如想象力。

能力专注于如何工作，而非工作是什么。图2.4阐释了你所达到的结果都是由相关能力支撑的。能力是你知识、技能和才智的延展。技能和才智是能力的具体细节，是类似于对身体素质的判断或检验手段，比如一个世界级自行车或划船选手的强大肺活量。知识是某种事物的被动信息，如会计学。个性的特点是一种行为趋势，如灵活性。正是因为你所具有的某些知识、技能和才智并不意味着你能展示那种能力。但是，为了拥有能力，你必须具有相关知识、技术和才智，将它们正确结合起来，正确地使用它们。如果你不知道或不知道怎么使用能力的结构单元，那么你也就没有足够的能力。

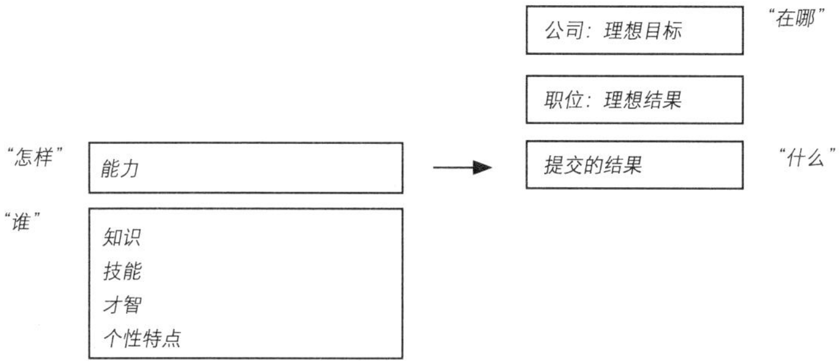

图2.4　能力集合

这是一种能力表现的程度，而不仅仅是其引发表现的存在性。能力通常细分为四种或五种复杂性累积等级，如图2.5所示。随着复杂性等级的增加，标志着在这个等级上行为表现的类型也随之改变。随着能力的复杂性等级的增加，你需要知道的知识、你需要具有的技能、你需要开发的才智以及你需要展示的个性特点都要增加。

能力：适应性

定义：为了在模糊或变化的环境下，与不同的个人或团体有效地开展工作这一目的而适应。

【范围发展：更前摄，更模糊/更多变化】

等级1 认识适应的必要	· 表示愿意做一些与众不同的事情 · 理解并认识其他观点和处事方式的价值 · 面对模糊和变化的情况表现出积极的态度
等级2 适应环境	· 为适应环境而改变自己的行为或方式 · 在公司价值的引领下，灵活地运用规定或程序 · 在变化或模糊的条件下改变行为，以期有效地执行

等级3 适应各种需求	· 在各种事件或环境中适应新观点和主动性 · 支持并适应那些挑战传统运行方式的重大改变 · 在一定的环境内各色各样的个人或团体间适应人际交往风格
等级4 适应计划和目标	· 适应组织或项目计划，来满足新的需求和优先性 · 按情况需要修改项目目标 · 识别转瞬即逝的机会和风险，并迅速作出反应
等级5 适应公司战略	· 调整广义/宏观的公司战略、方针、优先级、结构和程序，以便在特定环境下改变需求 · 为了在持续变化或模棱两可以及偶尔呈现的混乱状态中有效地执行而改变行为方式 · 乐于在处理宏观战略事件和重大事件中做出改变 · 预见并利用出现的机会和风险

人力资源系统有限公司（Human Resource Systems Ltd.）

版权所有 2005 [www.hrsg.ca]

图2.5　能力定义样本

能力是经过界定的。你在这个能力中体现出的素质已经被你所展现能力的复杂性等级界定了。当你在各种情况下的同一复杂等级中均用到这种能力时，它就转化为你的可转移资本。如果你只是偶尔展示自己是如何使用某种能力的，就不能说你有这种可转移资本。你需要吸收若干公司中若干岗位上的经验，来为自己的可转移资本提供证据。如同任何一种衡量表现的工具一样，任何用来展现或证明你的可转移资本的陈述都需要被具体化。你必须检验自己可转移资本的质量。成功的事例应该具有特殊性和实效性：通过在T时间使用Y作为手段完成了Z并导致了结果X。通过增加顾客的忠诚度使利润增长了15%，在不到12个月的时间内比底线增加了500万英镑。

F1方程式赛车可以帮助你思考。对一个F1车手来说，什么是潜在的能力？一些必要的知识、技术和素质可能包括：

- 了解不同的线路和天气状况
- 了解赛车的动力和引擎——在进入弯道时，是否能够晚刹车取决于不同轮胎的作用
- 驾驶
- 空间意识
- 快速反应，手、眼、脚协调
- 体力和耐力
- 投入比赛之中——渴望胜利

F1车手整体能力中的一部分，是从所有持续获取的信息中对重要的几点进行归零校正，例如赛车性能，开发出一辆能够在F1比赛中始终获胜的赛车，并且立刻将其用于赛场，在比赛结束之后以及测试的间隙，进一步改进赛车。将其扩展开来，可得出适应比赛赛道的不同条件，并在不同的赛道都能有效而持久地比赛，或者能够在压力下保持冷静，等等。

迈克尔·舒马赫在这点上必然比其他许多F1车手都要做得更好、更快、更全面、更持久，否则他不会经常赢得比赛或获得排位第一。到2005年为止，他已经蝉联了5届车手总冠军。

职业DNA银行是可转移资本的一份清单，体现了你的职业遗传密码

CHAPTER 02

你的职业DNA能够通过经历新的

角色、动力、文化、事件和任务而不断扩展

和职业DNA。职业DNA是特殊而可识别的，指出你与其他人相比表现如何。不同于生物学上的DNA，你的职业DNA能够通过在工作和社会环境中经历新的角色、动力、文化、事件和任务而不断扩展。你应该把自己的职业DNA银行看做是可转移资本的一种多样集合，这些可转移资本以多种方式集合在一起，来塑造你的市场定位。

我们都知道自己应该调整每一个接近潜在雇主的手段，尽管许多人都不这么做，因为这需要时间，并且十分辛苦。职业DNA银行能将这一调整适应的过程简单化。你可以在你的职业DNA银行的扩展清单上选出与你面临的项目最为相关的可转移资本，以及能够展示每一个可转移资本的最佳事例。这与你的生物DNA有些类似，某些遗传密码开启，而其他部分关闭，从而形成了专门为当前任务设置的最适合的细胞。

“可转移资本和能力的概念如此目的明确，以至于小组的每一个成员都拥有了一份《应聘顶级公司》的副本，用来作为他们学生简历指导的工具。使用《应聘顶级公司》作为简历指导的MBA学生都发现，在简历筹备过程中它发挥了100%的作用。”

——杰克·威尔伯 美国麻省理工斯隆管理学院就业指导主任

第三要素：职业和教育履历

你需要创建一张表格，包含以下栏目：

- 公司名称
- 工作时长
- 公司简介
- 职位名称
- 工作范围
- 责任
- 工作收益
- 教育，本科或研究生学历，以及所获奖励

把事实变成证据而不是事例

你的电梯推介是建立在有力证据之上，而不是有力的事例。事例是从环境中脱离出来的信息片段。你可以对这些事例进行“那又怎样”的测试。证据是带有环境的事例，让阅读你电梯推介的人或面试的考官更容易理解和记忆。你的自我评价能够通过可转移资本来证明。你的可转移资本又通过在各种情况的同一复杂性等级展示其使用来证明。你的职业和教育履历进一步证明了你所说内容的真实性。

界定的电梯推介的结构单元如图2.6所示。下一章将帮助你发现和创造自己的结构单元。

你电梯推介的结构单元：

自我评价
谁、怎样、什么

职业DNA银行
可转移资本

知识
技能
才智
个性

职业和教育履历
岗位的收益

图2.6　电梯推介的结构单元

chapter

03

创建“电梯推介法”的结构单元

Create a structural unit

你将学到

- 创建自己应聘过程中的“电梯推介”

创建自己应聘过程中的“电梯推介”

创建个人电梯推介的结构单元，能够帮助你释放新的内涵，帮助你更加清晰地看待事物，并且这也是为开发你的电梯推介打基础的重要步骤。时间和努力应该集中在打造正确的基础上。三大核心结构单元分别是：你的自我评价，可转移资本的一个职业DNA银行，以及你的职业履历。最好从职业DNA银行着手。

你的可转移资本和职业DNA银行

你的职业DNA银行是自己可转移资本的清单。可转移资本是一种能力，你可以通过在多种情况下同一复杂性等级中展示它的使用来证明。

你的职业DNA银行就像一个银行账户，而你的可转移资本就相当于货币。通过识别自身每一种独特的可转移资本来充实自己的账户。当你在工作或社会环境中经历了新的岗位、动力、文化、事件和任务，你的职业DNA银行就获得了成长，因为你开发了新的可转移资本或进一步开发了现有的可转移资本。

你的职业DNA银行就像一个银行账户，
而你的可转移资本就相当于货币

以下的三个渐进步骤，是用来识别和证明你的可转移资本的：

1. 通过解构你职业中的每一个项目和任务，找出自己可能具有的能力、知识、才智、技术。
2. 通过寻找普遍组群的能力，识别并证明自己的能力。
3. 通过寻找一般人对已经证实的能力的使用，识别并证明自己的可转移资本。

步骤1　开发潜在的能力清单：解构你的职业

第一步是通过解构你职业中的每一个项目和任务，运用目标—分析—行动—结果（OAAR）的方法，开发出可能具有的能力、知识、才智、技术。这可以让你为自己工作、社会和学习生活的方方面面建立一种简单而紧凑的记述，并将在第二和第三步中得到运用和扩展。

- **目标**设定了你需要完成的任务
- **分析**阶段关照你对任务的选择作何感想和评价
- **行动**阶段是执行你的选择
- **结果**是你行动的结果

以下是一名兽医护士的简单OAAR分析案例，我们一同来思考一下。

案例分析：兽医护士的OAAR

目标： 在一个繁忙的乡村医疗项目中，领导一个7人护士小组，并确保工作运行平稳。

分析： 在全村范围内为类似的实践制定基准。查阅前两年的兽医业务管理的记录（谁在哪做了什么，为什么），从中发现了季节性趋势。调和生产力和效率间的关系。

行动： 利用趋势制定出新的员工值班表，解放他们，使其能够专注于他们的核心责任，而不必操心没生产收益的任务。

结果： 在确保兽医和护士各司其职的情况下，每四位员工每月可解放出额外的20小时。工作更为有效和节省，因为护理人员随时可为手术室、咨询室、实验室、住院病人、实习管理（包括小型动物认领表）、护理值班以及随时加班等方面提供服务。让实习护士随时待命，并准备好配药和教学方面的资源。

兽医护士的OAAR案例分析可以划分成若干小的目标。尽管这份工作是相当简单的。处在更加复杂的情况下，目标经常需要细分成小目标。你的分析突出了若干选项。而你要选择哪些是能够引发行动的选项。一些行动将集中于直接完成原始目标上。而另一些行动应集中在为完成原始目标而必要的中间环节上。这些行为便成为新的目标。这些新目标又创造出新一轮的OAAR。

创建“电梯推介法”的结构单元

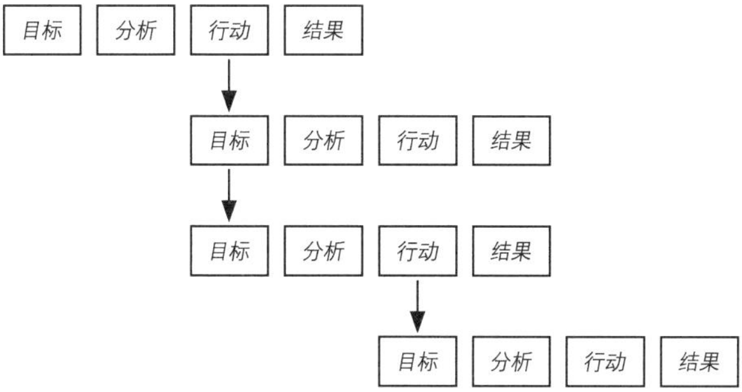

图3.1　层层剥开俄罗斯套娃

从图3.1所示的原始分析和行动阶段，你看可能会发现衍生出的一些新目标。这种观念可以将你的综合目标分成尽可能最小的单元。如果你的目标是在12个月中完成市场份额10%的增长，为了以快于市场的速度增长，那么能够使你完成这一目标的所有其他OAAR子程序是什么呢？你还可以将此程序用在学习生活和兴趣爱好上。如果你把这种联系比作是拆解俄罗斯套娃会更容易理解。打开大娃娃，里面的小娃娃就会出现。你剥出的每一个新娃娃都会把你带入更加深层的分析、行动和结果，使你能够完成核心目标。你需要不断地重复这一过程，直到你把自己的职业削减到最小的OAAR程序。

一位来自软件行业的高级主管将她的目标分成了若干微型目标。她的综合目标是通过在12个月内开发一个加强质量管理的程序来提升X%的产量。在她的第一个OAAR的分析阶段，她考虑了可用的资源并总结出需要一个新的团队。她第一个OAAR的行动重点是招聘和创建这样一个新团队。于是这就变成了一个新的目标，并成为另一个OAAR分析的开始，引发了新部门的功能描述分析，包括职员人数、工作描述、创立和运行资本的资源分配。行动就是根据人数和预算招聘组员。同时，从原始分析—行动阶段里，她也了解到一个进一步的微观目标，即创造一个新型软件—测试功能，这就变成了另一个OAAR分析。整个项目中，她涉及管理利益相关人、向董事会及其他部门领导推销方案，以便将新部门整合到公司中来。她还创建了一系列的OAAR，涵盖了向董事会以及第三方供应商的代表人和谈判员汇报销售增长等。

你需要层层剥离、拆解俄罗斯套娃，并抓住本质。将一个综合目标分化成单独的成分需要花费时间和耐心。我们列出了一张问题清单，也许能够帮你进行自己的OAAR分析。

分解你的OAAR

目标

- 你的工作所描述的目标是什么？
- 如果你的老板现在就坐在你面前，他们会对你做过的和没做过的哪些事情进行评价？
- 你知道哪些步骤是自己需要的？你是如何知道的？你是如何将目标分解的？
- 你的公司、部门或团队曾经拥有或从事哪些未来不想再拥有或从事的事情？发生在什么时候？

你需要层层剥离、
拆解俄罗斯套娃，并抓住本质

创建“电梯推介法”的结构单元

- 你的公司、部门或团队曾经并未拥有或从事哪些未来想要拥有或从事的事情？发生在什么时候？
- 期望结果是什么？谁会受益？什么时候？受益多少？
- 需要衡量什么？以及参照怎样的外部标准？

分析

- 你知道什么？不知道什么？想知道什么？
- 如果你做了这样的改变，也许会发生或不会发生怎样的情况？如果你没有做出这样的改变，又会发生或不会发生怎样的情况？
- 你做过什么？以什么顺序？依赖于什么？
- 对你做过的事还有什么其他分析方面？
- 你曾需要囊括未来的步骤吗？
- 你吸取了什么教训？
- 你需要何种内部及外部资源？
- 你曾向谁咨询此分析，此分析曾获得谁的认可？

行动

- 你执行了什么？
- 你是如何执行的？
- 你是何时执行的？
- 你充当了什么角色？

结果

- 结果是什么？

- 谁获得了收益?
- 获得了多少收益?
- 何时获得收益?
- 这份收益的质量和数量是如何判断的?
- 认可这份收益的标准或准绳是什么?
- 该收益成功与否由哪些人或哪些事物决定?
- 如果你将自己置身于完成目标的时刻，你会听到什么？看到什么？感受到什么？对自己意味着什么？对公司又意味着什么?

我们建议你在头脑清醒时迅速下载你的想法。把你的OAAR分析付诸书面。你会发现转化成重点学习要比一张简单的OAAR表格更有帮助。这个过程是关于你自己的。你必须考虑采取的行动和自己对结果承担的责任，以判断自己在这个目标和分析中所占的分量。你做过哪个部分？你是否曾经做过咨询、推广或联络工作？设计、开发或实施呢？你曾经进行过协助、管理或领导工作吗？改变、澄清、撰写、合作、促进、建造、法律顾问呢？你是否曾进行过削减、指导、设计、出让？你是否曾进行过排除、登记、考核、摘录？你是否曾进行过预想、允诺或执行?

你做过哪个部分?

你是否曾经做过咨询、推广或联络工作

创建“电梯推介法”的结构单元

有助于你创建自己OAAR的一种练习，就是把你的工作想成一个时间轴。想象代表你职业轴线的一端是你过去的工作，而另一端是未来的工作。踏上你的时间轴线。沿着它走向你的上一家公司。停下来想想你在这家公司所经历的主要事件，例如升迁，或一些值得骄傲的事。审视自己。你想到了什么？感受到什么？认识到什么？你希望学到什么？什么对你的未来是有价值的？再审视一下处于这个时间点的自己。你做过什么？更重要的是，你是怎样做的？是什么让你能够这么做？你得到了哪些教训？发生了什么事情？记住所有这些有益的东西。你会希望自己过去最好的经历能够帮助未来职业的发展。你未来的收入会和你如何做事以及如何再次从事同样的事情挂钩。你是否牢记自己所有的办事方法？沿着你的职业时间轴去往任何一个你工作过的地方。现在想象自己正走向现在，看向自己未来职业的时间轴。走到那个让你感到舒适的地方。你是否已经得到自己所需要的东西？

你不能将自己的思路局限在工作中的几个例子上。上个周末你是怎样度过的？假如你曾驾车游览澳大利亚大堡礁，还有一只大白鲨袭击了你。和朋友们在酒吧消遣时，他们想要知道你是怎样逃脱的。当解释看到鲨鱼就在你下方时的第一反应时，你不会吝惜描述那些血腥的细节。如何智斗鲨鱼，如何避免成为午餐，如何设法回到潜水船上去，以及当意识到自己已经安全时是何等轻松。如果这个故事是真的，必然会让你的朋友认为你会在巨大的压力下保持冷静和足智多谋；还会强化他们的信念，认为你可以应付危机。他们还会知道你极具毅力、决心和勇气。那么，在个人生活中，你做过些什么呢？

如同你分离俄罗斯套娃那样，目前你已经衍生出的个人OAAR范例，即使没有上百，也应有几十种。为了再提供些额外的情景和内容，你可以回顾一下自己360度审查反馈的表现评价，并看看他们能告诉你什么。在你进行第二步之前，有两件事情必须要做。

第一，检查你所使用的语言。当你阅读每一个自己的OAAR时，你需要把所有被动的句子转化为生动的陈述。生动的陈述都以一个动词开头，例如分析、管理或设计。为了达到清晰简洁的目的，要确保你的生动陈述能够明确具体。你需要一个紧凑的目标：在T时间通过从事Y交付了X从而完成Z。这个目标反映出一个紧凑的结果：在T时间内通过从事Y而完成了Z导致了X。所有这些陈述都应当使用第三人称。

第二，寻找长处和短处的共同点。哪些地方做得好？哪些地方做不好？什么是我需要继续进行下去的？什么是我需要终止的？我怎样才能做得好？我哪里做得不好？我学到了什么？将你的答案写在纸上。

步骤2　识别和证明你的能力

按照你使用的结合知识、技能和才智来获得结果的方法，步骤2对你的OAAR进行分组，从而识别和证明你的能力。图3.2显示了OAAR分析是如何用于帮助识别和证明能力的。你的目标告诉你想要做什么。分析和行动环节为你的行为模式和能力提供了线索。以及清晰而直接地推断你可以再一次从事相同的事情，你会如何处事，这两个环节都给出了答案。结果部分则回答了你曾做过什么。

在个人生活中，

你做过些什么呢

提取出每一个OAAR中的分析和行动环节，找寻那些你认为展示出来的、为了达到目标的能力。在这个阶段，你可以通过许多方式来描述能力。还可以囊括尽可能多的能力。让我们一起思考三个例子。

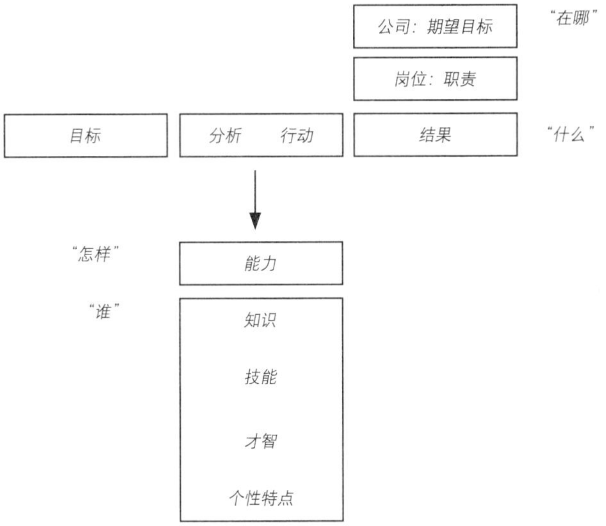

图3.2　理解你的OAAR分析

第一，让我们回到那个软件业高层主管身上，她认定了一个目标，就是招聘新的工作小组并为这工作创建一个OAAR。从她的OAAR分析中了解到，她已经招聘了新成员，并通过创造共同目标，使他们融入了这个小队。而且该团队很快就被认可，并整合进入公司内部。通过从无到有建立一个新系统，以及按时完成协定的生产增长，此小组体现出自身的能力。她所展示的能力是建设高效团队。此外，她还能够从主要混合目标中证明其他几种能力。这些能力中重要的一个就是计划切实可行的前进道路，还包括为交付任务而组织资源，以及决定何时需要做何事，等等。她还能够通过以下两方面来使用商业知识，即相关信息如何用于完成目标，以及新部门如何影响账本盈亏底线。

第二，让我们以比尔的工作为例进行思考，他为一家澳大利亚广告公司工作，负责创造新的商业机会。一家顶级报业集团为这家公司提出了一个要求，通过改善销售团队和目标客户之间的关系，加强其客户服务。无论是否在澳大利亚时区，他们都要为销售团队提供准确、及时的信息。比尔的任务是赢得生意。这份OAAR就有些不同寻常。广告公司有一个目标。潜在客户有一个目标。而公司的目标只有在客户目标完成后才能完成。在理想状态下，这两个目标应该分离，并且按照单独的OAAR分析来对待。

案例分析：营销顾问的OAAR

目标

- 公司目标：通过向潜在客户传递心灵相通的感觉，来获得生意。
- 客户要求：不论时间和地点的限制，销售团队都能够向其客户提供及时的曝光率和媒体版面信息，以提升媒体曝光率和售出的广告版面。

分析

- 分析了市场和出版媒体公司的关系。
- 按照原始简介所述，识别出一些新客户。
- 建立一个项目小组，管理公司内部资源，以便创建和开发提案。
- 通过公司的质量管理程序，使新贸易销售提案获得内部赞同。

行动

- 创建和展示一个简单而符合成本效益的战略，来建造一个互联的内联网、互联网和外联网，不论时间地理限制，在亚太区域内，对报纸销售团队发布实时数据（分享公共文档），并且为其现有和潜在的全部客户（该媒介购买方）量身定制实时信息。

结果

- 费尔法克斯（Fairfax）将获得其可能拥有的媒体版面的最佳曝光率，潜移默化地改善媒体设计、买方、出版方之间的关系。
- 他们客户所获得的信息是准确无误的，而且与其主要竞争对手区别开来。
- 广告公司获得了生意。

比尔可以从这份OAAR中找出若干能力：团队管理、提供创新解决方案、创立补进体系、理解商务规则、能够纵览全局、清晰的口头和书面交流技巧。

最后是来自迈克尔的例子，他在Dell工作过。其职责是在全球范围内开发和实施Dell EMEA战略，以加强民众对Dell EMEA品牌套件的共鸣、信任和偏爱，并支持商务部门的目标。完成主要目标所需要的次级目标之一就是适应和投放新的全球电视和遍及欧洲的出版活动，在给定的预算和时间举行充足的活动，来支持主要的地域。影响人们对Dell的认识、偏好和考虑方面的转变。分析发现，目标的三个支柱无法同时完成，而且支柱在范围、国家和结果中被削减，还是在范围、预算和时间内被增加，需要作出选择。而非为了追求新目标的建立而增加预算。

案例分析：品牌战略的OAAR

目标

- 在正统资金平台之外逐步改变预算，为参与Dell开发出新的零成本模式。

分析

- 识别和评估可选择的资金来源。

行动

- 设想和协商一系列背对背连锁关系，用来应对媒体、体育和IT界的合作方。

结果

- 在零成本的情况下，完成了EMEA亚太预算62%的增长，总额达3200万美元。
    - 提高品牌推广活动的覆盖面，在一个比计划还长的时间内，完成更多的展示。
    - 经过设计，使德国Dell能够从品牌投放活动中获利，由于资金规模的划分方式，使其受到最小的盈亏影响，相当于节省了德国内体在FYOO上开支的60%。
- 在零成本的情况下，创造了1300万全球赞助（评估周末全球电视覆盖率的价值）。
    - Dell成为1999年宝马威廉姆斯之勒芒汽车的首个赞助商。
    - 创造了独特的客户购买机会，向主要客户送出了超过2000个勒芒汽车模型和超过1500本纪念年鉴。

• 增加了员工士气；多数访问了EMEA企业内部互联网页。

从内在认识到：

“这是我们做过的最好生意……无与伦比……让我们快点……Dell 确实占尽优势，因为宝马一直处于领先。为这笔聪明的生意庆祝吧。”

德国副总裁

“我不认为你还能做成更好的生意。我们应该进行下去……这真是太伟大了。我希望从这些结果中获得利益。”

Dell E MEA总裁

迈克尔表现出一种对行动和结果的偏爱，以及对赢得这个不可能的、麻烦的、陌生的挑战心中产生的渴望，抓住别人没有看到的机会。企业的商业智慧和文化理解以一种令人耳目一新的方式结合在一起，展示了一种能够轻松应对观念差异和复杂性的智慧。一种打破禁锢、不断实验、不接受现状的坚韧被明确界定出来。伴随着时间压力，以及常常数据不充足的情况，仍然作出了高质量的决策。解决问题有一个创造性的优势，就是创造出一种新型视角，来看待和开发模式以及制造联系。能够完成这些，是由于他使用了15年的广告和营销知识作为其行为的基础。

由此也可以分化出许多OAAR分析的起点。一种OAAR可以表明品牌股本的变化导致品牌知名度的提高，以及六个月内产生的全部价值。另一种OAAR可以考虑他本人对EMEA创意、媒体和调研机构的领导权力，计划和执行该活动，达到“……为本季度之外设计远景规划而提供精心思考的理由……为团队目标而非个人荣誉奋斗……了解欧洲媒体市场……”等结果。还有一种OAAR可以表现营销管理，在协议规定的预算和时间内，确保超过2000万美元的加盟资金。所有这些例子都强调了一套行为模式，可以通过各种不同方式制定，不论是做一个好的指导员还是具有战略能力。

你需要分析、识别、评估、定义这些能力或几组能力。每一个OAAR都能帮助你理解你的行为和基本特征，并给你前进的动力。回想一下你被问到的面试问题的类型。有一些经典问题，例如“你曾在金融危机中领导过团队吗？这与平稳时期相比有何不同？”或者“告诉我你处理争议的一次经历”。思考这些肤浅无聊却又能突出个人行为的问题。把它们记录下来。还要写下你问别人的问题。找到行为组群。想想自己应该怎样回答。下面回到你的OAAR分析。寻找那些普遍使用的思路。

交流局部事件是如何与整体规划匹配的

战略思考

融入并影响广泛群体

与他人共同完成目标

谈判能力

商业意识

提供期望

创新

招聘最好的员工

在第一种方法不奏效时，乐于尝试不同方法

灵活性

创建“电梯推介法”的结构单元

善于从侧面思考

适应性

从不失信于人

意外状况应对

资源和团队管理

持续前进，没有间断

鼓励团队行动；创造共同目标

思维敏捷

注重结果

包容合作

独立

勇敢

促成组织成功

树立观念模型

超前思考

用便于理解的方式提出复杂概念

被证明有能力领导、指教和发展人员

对客户富有激情，提高服务标准

业务建立

从不承诺做不到的事情

理解他人

应对不明确情况的能力

忠诚持久

帮助他人成功

CHAPTER 03

信息收集

善用资源

高效交流

识别出可行的业务机会

筹划大型团队活动

玩转复杂情况

关系与合作关系的建立

能够适应80:20法则

打破常规

解决前所未见的问题

影响力

扩张团队

解决问题能力

开门见山

调动他人积极性

理解提出的疑问

管理和衡量能力

识别出优先的行动

决策

给他人一定的范围和自由

体系管理

能够发现观念、趋势和模式

计划

能够推理

创建“电梯推介法”的结构单元

紧迫感	建立关系
有原则	合理总结
团结互信	合理措辞
设立主次	坚持完成任务
面对风险和未知应对自如	坚持打破禁锢
	适应工作条件
	理解并利用非常规手段达成目标

当思考过去的经历带给自己怎样的启示时，这也许会有帮助。是什么造就了一个伟大的医生？什么造就了一个成功的老板？回顾过去，你也许对某些老师更为尊敬，评价更高。而哪些老师你仍然记得，为什么？他们怎样与你关联起来？课程是否有趣？为什么有趣？老师们是如何让课程有趣的？他们是否对他们的专业抱有火一般的热情，让你不禁想要发掘更多知识？你是否曾经凝望夜空，在主讲浩瀚宇宙的一节物理课之后浮想联翩？

CHAPTER 03

从俯瞰你的 OAAR开始入手

步骤3 识别并证明你的可转移资本

这最后的一步聚焦于你使用能力的频率，以及在何种复杂等级，将能力转化为可转移资本。

可转移资本是一种能力，你可以通过在多种情况下同一复杂性等级中展示它的使用来证明。对自己的职业，你有一个复杂的OAAR统计分析。那些你已经辨认出的能力，都是可被每一个OAAR证实的。你可以把一种可转移资本视为一种能力，通过相同复杂等级下的一些公司和职位上总结出的OAAR来证实。

你必须从俯瞰自己的OAAR开始入手，并且寻找总体框架和趋势。想象自己正在俯瞰一片开满鲜花的田野。你的田野上开满了五颜六色的不同种类的花。你要将同样颜色的花朵聚集在一起，因为这代表了你经常使用的能力。其中小一些的花束表示你不经常出现的行为。你需要首先关注最大的那些花束，因为那代表了你经常使用的相同种类的行为或行为组，因此也更能体现出你的实力。

还有一些行为组描述了你处事使用的一种类似方式。让我们设想你有一大把黄颜色的花。每一朵黄花都有些许不同，因为它们分别来自独一无二的OAAR。现在你需要将能力提取出来，把黄色花朵分成代表一种特殊能力的小花束。问问自己：黄色的深浅都有什么？它们都有相同数量的花瓣吗？色调是什么？你要开发出修改后的标题并进行分配，来创造和证明自己的可转移资本。

现在你已经辨别出在某些情况下自己使用过的可转移资本。这些可转移资本的复杂性是通过你经常完成的目标类型来定义的。你拥有许多OAAR来为每一个可转移资本作证。图3.3展示了这一流程。让我们假设你曾为公司A和B工作。你已经创建了若干OAAR清单，并识别出自己使用最多的X和Y两种能力。能力X是通过公司A中的OAAR1以及公司B中的 OAAR3来证实的。能力Y是通过公司A中的OAAR2和公司B中的OAAR4证实的。每一个OAAR就其范围、规模和抱负来说，都同样重要。

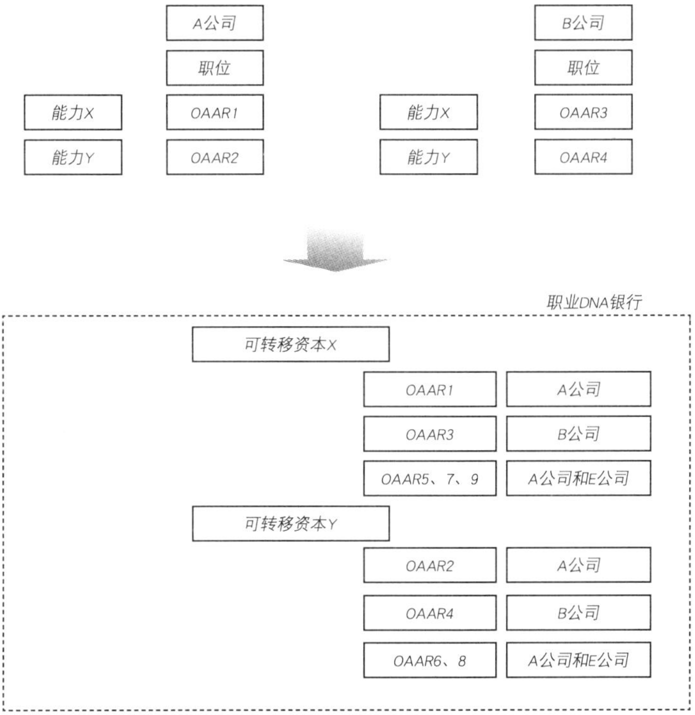

图3.3 将能力转化为可转移资本

当你从A公司和E公司的OAAR1和OAAR3以及后来的OAAR5、7、9中证实了能力X，则它就成为你的可转移资本X。

当你从A公司和E公司的OAAR2和OAAR4以及后来的两份OAAR中证实了能力Y，则它就成为你的可转移资本Y。

通常，一份可转移资本的展示和证明都需要至少四到五个OAAR事例。如果你宣称自己富有创新精神，你需要同一复杂等级上的若干OAAR事例去证实。你要找出自己的闪光点，能够让你在一个更高的层次上展示一种能力。这并不意味着你将永远在这个层次上工作。你要能够钻研能力的深度和广度。如果让你举出表现这种能力的另一个事例，你会怎么办？再举一个呢？再举两个呢？你能够在每一个事例中展示相同的复杂等级吗？

若干年前，迈克尔与一家大型国际电信公司的首席运营官有过一次会面。他的电梯推介列举了一些可转移资本，分别用几个简短的OAAR说明进行佐证。在有限的时间里，这个运营官选择了深入探讨一种可转移资本，而不是每一个都详细询问。他要求迈克尔不仅仅陈述他写出的OAAR事例，更要他提供一些可能用到该可转移资本的未来事例。这不但帮助他理解了迈克尔经历的深度，还提供了对迈克尔的一种更加广泛的认识。迈克尔在解释自己的可转移资本时使用OAAR技巧来架构自己的答案，确保目标清晰、重心明确、行为必要、结果收益。迈克尔通过清晰地阐述了四五个结构分明的OAAR，证实了自己的可转移资本。

你的可转移资本要有广度。你需要一些有深度的证据来支持可转移资本。表面功夫没有任何价值。不是每个人都能获得结果。不是每个人都会创新。不是每个人都有创造力。你呢？

你的职业DNA银行已经建立。它包括了6~10种可转移资本，每一种都被4~6个OAAR事例分析证实。每一种可转移资本都由逻辑行为所产生出的大量信息提供支持。

你的自我评价

自我评价是你的行动纲要。如同所有的高水平行动纲要一样，它要在最后编写。所有的自我评价都是构建在三个问题之上：

- 你是谁？
- 你是怎样工作的？
- 你做了什么工作？

自我评价就像是电影的标志性语言，或是你最喜爱的书籍开头段落。你会希望了解更多东西。自我评价是由可转移资本证明的，而可转移资本又是由OAAR证实的。自我评价应当来自对可转移资本的一种理解。

在我们学会如何撰写自己的自我评价之前，让我们思考两个第二章中的例了，并将它们分解丌来。

比尔的自我评价是：

“我把对生活的狂热融入我的工作当中。通过了解哪些问题需要解答，来找出解决办法。18年富于实践性和整体行销的理念，衍生到全球

表面功夫
没有任何价值

范围内广泛的产业领域，不论是广告还是出版。”

约翰的自我评价是：

“智慧的风险承担人。创造性解决方案的方向引领者，乐于融入各种环境并很快适应。在国际石油产业里的数百万美元机械工程项目中拥有31年的领导经验。”

“你是谁？”这一成分是通过“我把对生活的狂热融入我的工作当中”和“智慧的风险承担人”来回答的。这两句话告诉你这两个人的什么信息？第一个人拥有快乐和激情，卖力玩乐，也会卖力工作，有一种高于生活的开朗本领。第二个人更多的是拥有一种平衡的务实方法和面对挑战及相关风险的享受。约翰对客户和客户的需求非常热心，他也乐于通过量化风险，做出大的飞跃。

第二个成分是“你是怎样工作的？”这是一个广义上对你整体能力的总结。我们看到“通过了解哪些问题需要解答，来找出解决办法”以及“创造性解决方案的方向引领者，乐于融入各种环境并很快适应”。支撑这两句话的是什么？为了促成事情的进展，比尔会举出一般的开放性问题，也会举出特殊问题。他很谨慎。他希望深入问题的表面。他乐于从新的视角看待事物，挑战事情完成的方法。约翰的陈述显示他是一个在动态环境中感到舒服和满足的人，这种环境要求能够同时处理许多复杂情况的灵活头脑。由此，他暗示出自己在团队中的自信，以及直切主要事件和重要资产的能力，为什么重要，以及如何处理——有时甚至通过一种非正统但又切实可行的方法。

准备自我评价时你需要回答第三个也就是最后一个问题——“你做过什么工作？”这问题为前面两个问题提供了支持。双方都是通过展示他们工作的时长、产业部门、地理区域来处理这个问题：“18年富于实践性和整体行销的理念，衍生到全球范围内广泛的产业领域，不论是广告还是出版”和“在国际石油产业里的数百万美元机械工程项目中拥有31年的领导经验”。

自我评价应当直截了当、通俗易懂、调理清晰、方向明确。自我评价是指挥家，而可转移资本是管弦乐队。自我评价就是你的音乐介绍词。

看起来很简单，不是吗？但是让我们试着从另外一个产业入手。我们都知道电影是由电影制片厂宣传投放的。新手作家们辛苦编写一个故事，精心制作一个大纲，然后近乎残忍地将它简化为一个核心摘要。电影《异型》的宣传词是“撕咬空间”。这实际上告诉我们些什么信息？它具有成为重磅炸弹的潜力，具有出续集的潜力，它是一部描述食人怪兽的惊悚片，拥有经得起尝试和考验的故事情节，能够全球传播并拥有目标观众。基本的前提是要集中于观众思维中的关系，然后重新以一种崭新而刺激的方式组合在一起。又或者你可以看看《异型》是怎么营销的，当它发行时，曾喊出“在这个空间，没有人可以听到你的尖叫”，或者《大白鲨2》喊出的“只有当你回到水中时，才会感觉安全……”关于你自己的提示性语言是什么？哪一个电影的宣传语可以用到你身上？

以这种方式宣传自己最喜爱的电影、书籍或游戏是个很好的实践，当你宣传自己的时候，整个过程就会简单得多。你会发现更易于取舍，只保留自己的长处和优点。为什么不写下来呢？你删掉了哪些内容？为什么？你保留了什么？保留下来的内容是按照时间排序的吗？是自传性质的吗？又或是功能性的？你是否参考了自己曾经做过的事情和获得的成就？还是集中在的合作伙伴对你的评价？是否是线性观点？

你会找到很多乐趣，把自己想象成最喜爱的超级英雄；“神秘地穿梭于一个又一个任务，解决一个又一个问题，来保证夜间公司的安全……”这是一个IT技术支持主管的自我评价的开篇，把自己的行为比作一个身披耀眼盔甲的骑士，让全世界得以恢复到正确位置，却不需要任何赞扬。

如果一个宣传词能卖出一部电影，那么你的自我评价能不能将你推销出去呢？你的自我评价是否涵盖了以下这三个基本问题？

- 你是谁？
- 你是怎样工作的？
- 你做了什么工作？

第一个成分是“你是谁”。最好的答案就是从其他领域找出一些例子，然后运用到自己身上。如果你是在描述自己最好的朋友，你会怎么描述？也许你会集中在一组形容词上，描述他们生活中的性格，而不是体貌特征。

描述朋友很简单。而他们又会怎样描述你呢？去拿一本自己最喜爱的作家的书。他们是如何描述人物和场景的？有些几个月前读过的描述也许还萦绕在你的脑海里，如同对某人注意力的唤醒。那么你自己呢？如何将这种力量转移到描述自己的工作经验中去？

自我评价就是
你的电影原声摘要

如果一个宣传词能卖出一部电影，那么你的自我评价能不能将你推销出去呢

为了回答第二个问题“你是怎样工作的？”你需要审视自己的可转移资本。你是如何处世的？你在团队中能够产生强大的士气和感染力吗？能够分享成功和失败的经验教训吗？你有归属感吗？能够用有趣的方式挑战和督促员工吗？经常变不可能为可能？思想者还是实干家？你的整体行为模式是什么？简单来说，你是怎样工作的？你的热情来自于哪里？现在你已经完成了自己的可转移资本，你就可以回答这个问题了。

自我评价的第三部分是建立在线性和标准性上的。它总结了你多年的工作经验、一个或多个产业部门、你的专业以及地理位置。

我们不必拘泥于一份自我评价。每一个自创的自我评价都是为一个特殊职位量身制作的。以下是一些制作电梯推介时编写的自我评价。

“拥有邦德的魅力，M女士的智慧，Q博士的风趣和普斯格罗的出色外表。一个四海为家的时髦姑娘，工作和玩乐都同样努力，用活力、创造力、说服力和良好的幽默感应付每一个挑战和冒险。从10岁起，我就已经开始作为一个小型报纸记者，在工作中追求我的梦想。”

“我从来不做自己做不到的个人承诺或宣言。曾担任过13年的国际投资银行家。”

“我乐于思考自己工作中的重大变化。我只做我喜欢的工作，所以

也更为擅长。我会通过自己的创造力以及激励自己的团队成员，根据战略方针的变化而做出改变。在获得法律博士学位后，我进行了10年的文职工作。”

“对商业、财务和技术上的变数所带来的挑战抱有强烈欲望。在周转和起步环境中担任过14年的营销和管理职位，拥有超过120个客户（社团、政府部门、企业家、以及中小型企业）。”

“我能完成工作。我从不丢球。在全球时尚和商业领域18年的工作为我提供了宝贵的经验。我怀有积极的希望，以及对成功的极大热情。”

“有创造力、脚踏实地的领导者，能够冷静地判断，透过表面看到本质，从而创建并运行长远的愿景。在联合作业管理、培训、人力资源和市场调查领域有11年的工作经验。”

你的职业和教育履历

你需要创建一张表格，包含以下栏目：

- 公司名称
- 为其工作的时间
- 简短的公司描述
- 工作职位
- 工作范围
- 工作职责
- 工作收益

- 教育

让我们对其中的一些加以详尽考虑。

简短的公司描述

你需要对你曾经工作过的公司进行一番简短描述。这是为了雇用你的人着想，让他们能够简单归纳个人信息概况，以便发送给其他人。你在减轻他们的工作量，并协助他们的工作。尤其是涉及猎头公司，因为他们总是为客户编写一份机密的候选人简介，而很少提供你自己的简历。反正他们总是要写，何不将这条信息告诉猎头公司呢。

对公司给出一到两句话的解释说明，其重点取决于你选择的目标公司。你可以强调地域范围、子公司数量、员工人数、营业收入、利润、市场份额等。如果你能声明公司过去五年之内在欧洲、中东和非洲是成长最迅速的公司，类似这种声明会更加有力，因为这会赋予你很高的素质，并暗示你对这个成就产生过影响。

工作范围

你需要强调职责的主要范围；向谁汇报，他们在公司的职位，直接汇报的数量，间接汇报，预算或损益的责任；地域覆盖范围，多部门，多渠道，多地点，国际化……

工作职责和收益

你需要列举自己所有的职责，也可以将其归类，例如划分为商务程序外包、供应商谈判以及采购或商业转型。

接下来你应该写一段陈述，表达出这些职责对公司是有好处的，展示你的职责在公司中是如何表现的。雇用你的好处是什么？这和你所能够递交的结果是两码事。结果的指向性更为详细，而且你需要“上交”你的结果来获得商业利益。最好的理解方式是想象着自己去询问老板，他们认为你在做什么。老板们很少将这方面表述成一个特点，而更多的是对利益感兴趣。

在应聘过程中还要了解什么

还有许多需要涉及并通盘考虑的事。

视觉印象

创作一种版面设计和外观，使之方便阅读。使用一种清晰易读的字体，选择适合的尺寸，例如Arial字体，11号字。留出合理的页边空白。确保你的文字能够拥有“呼吸”的空间。不要为了追求空隙和文章之间的平衡而压缩你的文字。清楚地将你的故事分成不同元素。通篇使用统一的标题和符号格式。不要使用阴影或框体。要考虑到人们的阅读速度是15到30秒。你能引起他们的注意吗？你设计的简历方便阅读吗？他们的目光会落在何处？你希望不认识你的人首先读到那个短语吗？从现在起10秒钟后，他们能够记得关于你的哪些内容？从现在起10秒钟

雇用你的

好处是什么

后，你又希望他们记住什么内容呢?

当你的电梯推介简历转化成纯文本时，你需要检验外观。还需要检验制表，避免表格的出现，避免出现黑纸白字的颠倒状况，以及小心使用斜体字。

文字、人性化、语气

撰写简单短小而又富于文采的句子。撰写简单短小而又有说服力的句子。把故事讲得精彩。做到字斟句酌。没有写出来的话，往往也具有强大力量。使用标点符号省略或精简。多用积极词汇，少用消极词汇。在必要的地方加入关键词。不要加入任何一条可以导致你落选的东西。不要省略任何成分，例如一段没有解释说明的时期，这将成为导致你落选的一个因素。你正在编织一个令人信服的故事，每一个元素都按照各自的职能设计，当所有元素组合起来时，作用要大于单纯的几个部分之和。确保突出那些能够吸引他们注意力的事情，强调你的优先点。不要让人们为了那些细节忙得不可开交。

看看你的周围，问问为什么这么多的公司认为抽象的、毫无色彩和生趣的文字是干瘪苍白的，会导致沟通失败。激情丢到哪里去了？张力和率真又在哪里？公司要在哪找出文字的基调？在哪找出文字的态度?人们在工作方面，总是掩盖自己的个性，仿佛戴上了一副乏味的白色面具。不允许情绪的外露。激情也丧失殆尽。为什么要披着一件隐形衣呢？是什么导致你想要变得索然无味？请务必在你的电梯推介中注入伏特加一般纯粹的个性。如果你的电梯推荐缺乏个性和某种神秘的化学元素，为什么不送人一份类似的技能概要呢，这样能够获得面试机会吗?当雇用你的人翻开你的求职信或阅读你的简历时，你会希望他们能够看到、听到、品味到或感受到你正和他们的团队工作在一起。为什么不为理解自己的人工作呢？招聘不是双向选择的吗？当描述在DELL工作的一个成果时，迈克尔在某些情况下使用了“广受内部赞誉的财政奇迹……”之类的短语。他知道这是一个解释说明的焦点，并且可以扩展出自己的一种可转移资本。

你必须要谨慎。我们不是在鼓吹使用时髦的形容词让你的申请看起来更有料，因为那只是废料堆砌。作为练习，你可以删除所有使用的形容词，然后看看句子是否有所改善。把每一句话大声念出来。对着镜子前做练习，看看你会说些什么。删掉那些修饰和填充的词汇。检查每一句话、每一个词。把句子结合起来浓缩削减。对你需要囊括的内容和不必要的内容要保持明智和无情。使用带有画面感的语言。时常反问自己“那又怎样”或“好吧，你应该这么说，不是吗”，如果感觉不妥，放弃这个词，或重写这个句子。

让你的文字生动起来。下一个章节你会看到如何创造许多可以用来回答面试问题的信息。你需要排练，并让它看起来自然。坐在镜子前，大声地讲话。忽略你的文字。用另一种方式撰写。确保你有足够的时间让你的演讲和简历内容同样精彩。永远不要对你的文字满足，它们总有方法改进。

最后要注意，你会在一封信的顶端写上“信”这个字吗？答案很显然。你不要认为简历可以打破这个习惯。

长度

简洁很重要。一份一至两页的电梯推介，30至60秒时间回答“你做过什么”。面试过程中的2到3分钟回答“跟我说说你自己”一个3至

4段的求职信。

事实

坚持实事求是。

家庭和兴趣

如果与你的家庭有关，或者你有一个有趣或特别的习惯，你应该把这些写入简历。有时候，步入不惑之年初期，结婚并拥有小孩，能够展示出一种公司追求的稳定性，以及至少拥有其他两种重要角色在身的信任感。只要你愿意，还可以加入生日。要了解本国的法律和规范，明白什么信息是必需的。

照片

在一些欧洲内陆国家，简历中通常需要一张照片。而在许多其他国家里，这又是不被允许的。

教育和发表作品

列举课程、主要学校和分数。不要把你参加的每一个培训课程都写进去，除非它们与你想得到的职位相关。一旦你有了工作经验，学校的考试就没多大作用了。要运用自己的判断力进行取舍。

请务必在你的电梯推介中

注入伏特加一般纯粹的个性

评论你的结构单元

你已经创建并发展出一个持久的基础，在招聘过程的任何一个阶段给予你帮助。你已经创建了一套结构单元，可以在与下一任老板交流时随意组合你所拥有的能力、技术、知识、经历、才智和个性，以配合这份工作或他们的公司。良好的沟通是指你说了什么，什么时候说的，说给谁听，怎样说的。你在抢占属于自己的地盘，而这个地方还没有被任何人占领。你要让他们的购买决定变得简单，而且更为满意。通过帮你的买家理清头绪，可以使他们认为你是优秀人才。

你已经创建了自己的个人评价。你的可转移资本存入了职业DNA银行。你还拥有了一份职业履历。

现在你拥有了一整套良好的结构单元，帮你在招聘程序的每一个步骤量身制作独特的电梯推介。在下一章中，你将看到如何将它们打包成自己的电梯推介。

你在抢占
属于自己的地盘

chapter

04

瞄准应聘过程中的电梯推介

Promotion aimed at the elevator

你将学到

- 如何组装自己的电梯推介
- 瞄准并定制自己在应聘过程中的电梯推介

CHAPTER 04

如何组装自己的电梯推介

与招聘公司建立起桥梁

为创建自己的电梯推介，你需要首先构建地基。任何坚固的大厦都是修建在坚固的地基之上。图4.1为你展示了如何将所有的结构单元安装组合在一起。

在图4.1的右边是你的结构单元。它们是个人电梯推介的特殊单元，你可以在招聘程序的每一个步骤使用。

- 个人评价取决于三个核心成分：你是谁，你是如何工作的，你做过什么工作。
- 可转移资本取决于你能够证明的能力，存于你的职业DNA银行。
- 职业简历包含了主要的工作细节。

图4.1的左边是你希望服务的公司。也许你是从一则广告上看到，或者是随机联系到他们。从你的调查中，也许只是阅读广告的过程中，你会得到一些有趣的信息。你会知道：

- 他们的企业承诺建立在三个组成部分之上，即他们是谁，他们从事什么，以及他们是如何从事的。
- 他们的工作DNA是由商业和技术能力描述的，部分有赖于他们完成企业承诺所需要的知识、技能、才智和个性。这些都总结为一份工作描述，根据你需要了解什么、做什么工作，以及成为什么样的人。

瞄准应聘过程中的电梯推介

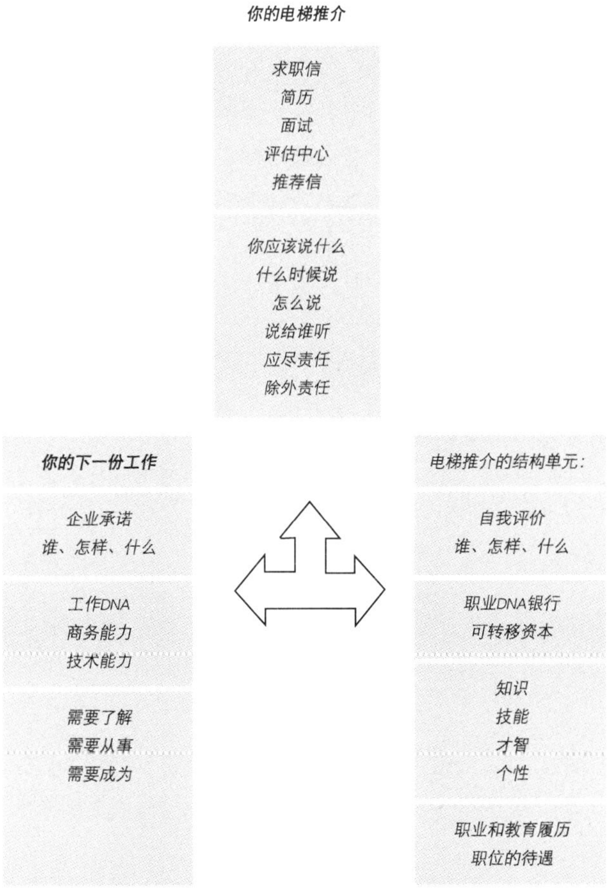

图4.1 回答“你能为我提供什么”

你会发现，在这两栏之间有着高度的相似。为了得到你想要的工作，你需要在这两栏之间用电梯推介架起一座桥梁。他们希望你回答“你能为我提供什么”，你应该潜入下一任老板的心里。你知道自己应该使用他们的语言、写自己的文字、反映他们的行动、达到他们的要求。你应该在招聘程序的每一个步骤帮助他们。你知道他们想了解你将会如何依据自己过去的行为和成果帮助他们。

你要向他们证明自己拥有他们想要的素质。基于真实的、与众不同的能力去证明你可以达到他们的要求。你要极具创新精神，将可转移资本捆绑在一起，让你的下一任老板聘用你。你要回答“你能为我提供什么”，你要展示：

- 你能按照他们的方式
- 你能成为他们想要的人
- 你拥有他们要求的素质
- 你曾经在他们需要的地方工作

个人明细

自我评价
你能够向他们提供什么

可转移资本
可转移资本1（叙述两个例子，并证明）
可转移资本2（叙述两个例子，并证明）
可转移资本3（叙述两个例子，并证明）
可转移资本4（叙述两个例子，并证明）

按时间顺序排列的工作职位

教育

兴趣爱好

图4.2　电梯推介简历的核心成分

你需要使用 他们的语言

你应该为每一个申请的公司和职位定制一份电梯推介。但是，设想你申请的想要从事的工作和想要工作的公司可归纳为同一个类型时，创建一份图4.2那样的通用的电梯推介简历也是很有帮助的。

从职业DNA银行中挑选出最好的可转移资本，以及用于证实它们的最佳OAAR事例。到目前为止，每一个OAAR都是用最生动的语言且为第三人称编写，并修改多次。每一个事例都短小精悍、中心明确、内容具体。但是为了制作电梯推介简历，你需要再次压缩这些事例，旋转180度。你要把OAAR反转过来，以结果开头，成为RAAO。你需要先列出结果，然后解释自己是如何达成此结果的。你可以随意决定使用多少AAO，以及使用AAO的哪个部分。图4.3显示了你的职业DNA银行、所选的可转移资本以及反转的OAAR。

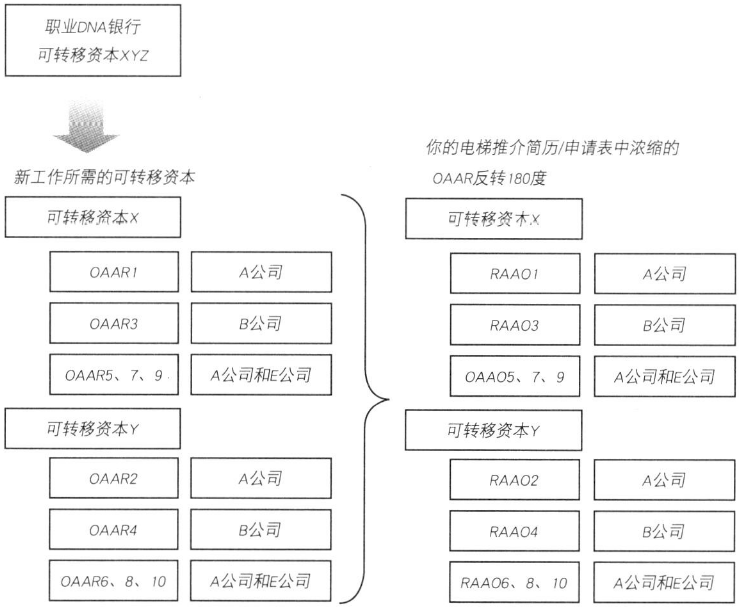

图4.3　使用职业DNA银行

例如，你可以这样写RAAO：“公司职员总数每年下降10%，是基于严格的部门审核。”在上一个章节中，你已经看到了比尔和费尔法克斯的OAAR分析。如果我们使用相同的原理，他们可能会将之看做是电梯推介中的一段陈述。比尔采用OAAR分析创建了自己可转移资本的第一个事例：

简化应聘过程中的信息传达

“在澳大利亚顶级报业集团——费尔法克斯与贝茨广告公司接触时，赢得了他们的新业务。制定了一整套战略，为其提供了无缝的信息流，不论时间地点，费尔法克斯都可以比以往更有效率地卖出更多的媒体版面。”

自我评价中应涵盖所有信息。也许，当你的职业向其他方向发展时，你也会想要创建第二份通用电梯推介。

通用电梯推介并不是送给别人看，而仅仅是为你提供一个大体的模板。

电梯推介应和你个人的感受产生共鸣。如果你把它交给朋友，而不在上面写下名字，他们能够识别出这份电梯推介是属于你的吗？电梯推介应当像一面镜子，如果你的影像模糊不清，那么你就应当重新思考你的语言和行为。你应当知道什么时候它传达的感觉是正确的，你的同事朋友能够轻易确认是你。

招聘程序跟通用电梯推介并无关联，因为能力应当针对你的新职位，而你需要按照下一任老板的需求剪裁你所拥有的能力。要想建立起图4.1中的那座桥梁，你必须多做调查。

调查

事实上，你可以从网站、搜索引擎、数据库中搜索到任何公司的任何信息。研究这些公司。以及他们的竞争对手。对这个产业有一个大体认识。理解他们的战略。阅读年度报告。听听他们网站的广播，留意分析员的问答环节，因为他们往往是重要事件和关注事件的丰富信息来源。阅读管理团队的传记，以及任何可能面试你的人。运用你的网络找出你能找到的关于这家公司的一切。你认识在这家公司里工作的人吗?如果认识，给他们打个电话，约他们出来喝茶。

也许你的面前摆着一份招聘广告。仔细分析工作职责是什么，他们需要的技能是什么，他们希望你拥有怎样的经历，以及他们所寻找的能力是什么。

利用尽可能多的资源，找出尽可能多的信息，为这家公司建立一个档案，并确保涵盖以下两个方面。

企业承诺

谁、怎样、什么

职业DNA

- 商务能力
- 技术能力
- 你需要了解什么、做什么、成为什么样的人
- 画出他们所使用的特殊短语或词汇
- 确保你的档案上列出这家公司希望你展示的一切

CHAPTER 04

瞄准并定制自己在应聘过程中的电梯推介

现在，你可以开始根据每个公司的情况调整制定自己的电梯推介，确保你做的每一步都准确无误。

电梯推介简历的职责就是争取面试

在你撰写求职信之前，最好先创建自己的电梯推介简历。电梯推介简历的职责就是争取面试。对你如何根据此前相关的成就，以及如何为这个职位获得这些成就等方面，来达到目标工作要求，电梯推介简历给出了证明。你所获得的好处在于如何达到该职业的描述，并超出要求。

第一步是将你所找到的关于公司的所有信息与你的可转移资本相匹配。看看职业DNA银行的所有积蓄。你需要将他们的工作DNA和你的职业DNA相匹配。对这一职位来说，什么可转移资本是最好的？你拥有他们需要的证明吗？你拥有可转移资本的宽度吗？你拥有他们想要的深度吗？

研究这些公司

以及他们的竞争对手

第二步是看看公司描述其工作DNA时使用的词汇。你希望自己的可转移资本以及任何职业履历中的细节都可以反映出公司所使用的语言。在你的可转移资本中加入一些公司用于描述其工作DNA的词汇和短语。这是一个不断重写和调整可转移资本描述方式的过程，以做到为你的下一任老板量身定制。你需要检查公司用来描述职位的所有关键词，并以此为依据，修改自己职业明细中的词汇。

第三步是创建自我评价。自我评价是由可转移资本证实的。自我评价也应当与企业承诺相匹配。

现在你已经拥有了一份定制过的电梯推介。内容及时，结构清晰。每一个对下任老板讲述的事件都得到很好的证明。所有的证据都十分充分。并且是站在下一任老板的角度，用他们能够理解的语言撰写的。你可以清晰地回答他们的问题——你能为我提供什么。

求职信的职责就是争取被阅读

求职信的唯一职责就是让你的电梯推介能够被阅读。求职信会告诉你的下一任领导“我可以在过去经历的基础上从事该工作”。根据公司需求的直接相关经验，求职信能告诉他们你是如何达到他们的企业需求的。

求职信应当写给一个有特定姓名的人。因为你做了调查，应该知道他们的名字和职位。

求职信清楚地指出并强调了电梯推介中的特殊部分，建立起与公司需求之间简短、清晰而深刻的联系。求职信给出了你对公司和职位理解的简要概况，并清晰地陈述自己的申请理由。你必须在三至四个自然段中激发他们的兴趣，并抓住他们的注意力。

一个好的起始段落可以将公司承诺和你的自我评价匹配起来，将你的自我评价转变成他们的一种受益。如果有人向公司推荐了你，要点明他们的名字。

在第二段中，要确保明确指出所有公司需要的特殊技能、知识、经验或能力。将它们一一列举出来。告诉他们你拥有他们想要的东西。

第三段表达出你想要帮助公司获得更多利益的兴趣，以及你会参与到他们目前正在追求的成功之中。向他们表示你只想为其工作，而不想服务于该行业的任何其他公司。

你需要用一种呼之欲出的方式委婉表达，要礼貌而坚定，但不能出风头。

如何填写招聘公司的申请表

按照自己电梯推介的相同步骤完成申请表格的填写。

浏览申请表，记下所有他们需要的信息。从个人的职业DNA银行中提取最佳可转移资本，来解释每一个要点。也许你需要重新组织或重写这些可转移资本。仔细查看用来支持可转移资本的每一个句子，哪些是用来填写表格信息的最佳资本，其对应的是哪些表格信息。从你的职业履历中提取出主要的受雇日期和地点。

求职信的唯一职责就是

让你的电梯推介能够被阅读

如果你是在线填写申请表，你就应当建立一个Word文档，纳入从职业DNA银行中提取出的一切相关信息，然后在适当的部分复制粘贴。

一位大学就业主管最近正在填写一份申请表，并向我们咨询意见。我们建议他创建自己的职业DNA银行。申请表的填写很容易，因为支持每条信息所要求的证明都在职业DNA银行中一目了然。自我评价、可转移资本、企业承诺、工作DNA之间存在着明显的相似之处。我们的这位朋友很快就脱颖而出，并获得了这一新职位。

如何应对面试

面试证实了你是如何根据以往的相关成就来达到工作要求的，以及你是如何为这个职位和遇到的人完成这些成果的。世界上没有典型的面试。你可能遇到猎头公司、客户，被一个人或一群人面试。你会被问到各种主题引发的许多问题。

毫无疑问，你会被问及经验，因此你要讲述自己的工作历程。职业履历不仅包含上一家公司职位的收益，还包括责任。我们最好是谈论收益，因为这样能够展示曾经的职位对上一家公司的重要性，以及因你的帮助，确保了公司的成功。

你会被要求描述上一份工作的情况，并解释你的行为。有时候问题是假设性的，要求你对某种状况描述自己可能的反应。你会被问到从经验中学到了什么。

职业DNA银行在面试过程中提供帮助的途径有很多。直接从职业DNA银行中提取所有OAAR分析，你就可以将自己的电梯推介简历扩展成面试时的小抄。让你能够回忆起想要表达的关键点，并为他们的问题提供丰富的最佳答案。

也许你要面临一场案例分析面试。这种面试给出一种情况。信息有可能缺失。你需要听取信息、理清头绪、认真思考、大胆假设、仔细分析、积极调查、客观评估、合理架构、促进交流、敢于挑战，从他们的立场看问题，组织出智慧的观点，并提出建议。职业DNA银行能够提供价值不可估量的证明，因为你已经了解自己最擅长的领域。然而，成功处理案例分析的最重要的经验就是从那些需要你解决问题的人的角度审视问题。在创作新的电梯推介时，你已经这么做过。像那个将要给你一份工作的人一样思考，试图理解他们的立场，找到正确的解决方案。

英国的Guardian报纸这样写道：

“任用29岁的路易斯・梅德丽当然是非常值得的。在一个由男人主宰的领域，作为一名销售专家，她希望打入新的市场，但是对自己又缺乏自信。因此她坐下来写出了自己的电梯推介。‘一旦你写出来，在某种意义上，推销自己的工作就已经完成……这样我就能够真正意识到自己能做到多少事情。’在她的电梯推介产生后不久，梅德丽获得了一份新工作。‘他们看起来确实很受触动——我基本上是直接得到这份工作的，’她说，‘当然，我不知道如果用一份传统简历，我是否能够得到这工作——但是我知道，如果我没有经历制作电梯推介时的准备过程，我将不会如此自信地应付面试。’”

如何应对招聘公司对你的评估

评估中心的作用，是通过一定的渠道和测试，对你的工作表现和潜力收集编制出一个综合印象。这些渠道包括行为面试、案例分析面试、工作模拟、心理概况、性格测试、能力测试以及在午饭、咖啡和晚餐时间里感兴趣的社交互动。

能力测试为不同种类的工作技能衡量出目前的能力和未来的潜力，如语言合理性或空间意识。兴趣列表评估了你对某项工作活动的喜好或反感。性格测试描述出你在工作环境中的行为和风格观念。心理测试衡量出心理能力、个性特点、动机和兴趣。有时候，一些这类测试可能由任意评估中心独立进行。尽管职业DNA银行不会直接帮助你准备上述测试，但它会帮助你理解反馈结果，因此你不会感到意外。

职业DNA银行为你提供了成功应对任何行为面试问题的所有武器。带上你的职业DNA银行去评估中心，在前一天晚上重新温习自己的长处。还要记得带上你的公司调查档案，提醒自己他们需要什么、关心什么。你会辨认出每一个练习中他们寻求的能力。一位来自伦敦帝国学院的MBA学生申请了英国电信的分析员一职，并附上了一份评估过程。她可以看到哪些能力正在接受测验。她可以清楚地表达自己的可转移资本，因为她已经准备好自己的职业DNA银行。对自己的长处，她有清晰的理解。她表现出色，一路过关斩将进入了最后的面试阶段，并获得了这一职位。

“这不仅仅意味着编写一份简历。它能让你更了解自己，编写职业DNA银行让我能够更加系统地思考自己的经历，并在评估和面试中获得

职业DNA银行
为你提供了所有武器

成功。”

——玛莎·格拉巴基　伦敦帝国学院

怎样让推荐人给你写推荐信

推荐人的作用是确认他们曾经见识并承认你所说的是事实。

你可以用定制的电梯推介向推荐人介绍基本情况。你应该将它连同申请公司的摘记一起发送给推荐人。你应该解释公司试图完成的目标和追寻的东西。应该告诉他们自己为什么符合公司的要求。为他们建立起所有的联系和链接来帮助他们。你还需要思考哪一个推荐人是确认自己哪一段经历的最佳人选。你会希望将自己的简要概况分派给每一个推荐人。

他们都是大忙人。你只能让推荐人花费时间聊聊你，而不是分析你。不要为难他们。你已经进行了努力的工作。你了解你自己。你调查过公司。你也建立起链接。告诉你的推荐人。

这样，当需要推荐人做推荐时，他们就会提供清晰的信息，既具关联性，又具目的性，来支持你告诉下一任老板的所有事情。

chapter

05

全球顶级应聘者的经典案例

Lift the top referral

我们欢迎你把这一页当做本书的第一页来阅读。我们明白这是个所有人都会犯的简单错误。但我们还是要推荐你看看本书的其他部分，因为确实很有帮助。

随着对不断演变的市场了解深入，我们在这第二个版本中延续发展了第一版中的理念和思想，这一点可以从我们挑选的电梯推介中反映出来。每一个电梯推介都经过精心设计，作为适用于本人的战略性的个人销售文档，论证有力，没有小题大做，也不是胡言乱语。对本章中全力帮助我们的朋友和同事，我们表示诚挚的感谢。所选电梯推介都是不同的，因为这种简历采用的是一种灵活设计的方式，并无严格限定。

这些电梯推介来自于全球各种生活轨迹上的真人真事。所涉范围从飞行员到公司经理，从企业家到广告人，从技术工程师到宠物护士，从出版商到政治家，从经营顾问到业务分析员。它们展示出电梯推介以及使用电梯推介的人所具有的灵活性和普遍性。

尼尔・豪林*	Capgemini公司经营顾问
达伦・菲尔	Pure360.com的创立人（电子市场）
大卫・沙尔普*	JP摩根资产管理的全球市场分析师
贾斯丁・库伯*	行政主管
菲奥娜・穆里*	经营顾问
迈克尔・马修斯*	就职于一家顶级投资管理公司的毕业生
比尔・浮士德	营销顾问和特邀发言人
安娜・莫琳娜*	空服人员
约翰・鲍德温*	Vetco公司高级技师
阿尔伯特・泽维尔斯*	Maersk船务公司船队经理

应聘顶级公司

全球顶级应聘者的经典案例

肯·利文斯通	伦敦市长
马克·斯卡夫梅克	英国航空公司商务航线飞行员（747）
路易斯·梅德丽*	Vent-Axia销售人员
劳拉·尼尔逊*	宠物护士兼宠物保险销售代表
克里斯丁·科尔曼*	Luxury Retail零售公司经理

以下大多数电梯推介都可以在一到两张纸上打印出来。带有*的人都是使用了书中所列的个人电梯推介，找到了目前的工作。

尼尔·豪林

The Cottage,99 Boxtown Road, London E24 3DA

+44(0)7775xxx xxx,

neil_howlin@temachin.com

对商业、财务和技术上的变数所带来的挑战抱有强烈欲望。在周转和起步环境中担任过14年的营销和管理职位，拥有超过120个客户（社团、政府部门、企业家以及中小型企业）。

关注结果（从销售到程序改进）

- 义务和纪律以及分析洞察力，使我从亨利管理学院顶级全日制MBA班顺利毕业（与队友一起），实现了个人目标。（2003—2004）
- 通过了解每个客户的业务需求（显性和隐性），创造有利润的服务满足客户，在Metrocube互联网培训开发公司连续三年超出利润目标，达到225%。（2000—2003）

将战略分析转化为创造性的解决办法

- 通过挑战Loewy集团（营销服务）的收购整合战略，市场同步下识别主要评估指标来支持方案，使其上市估值增长了100万英镑（10%）。制订出一套执行计划，最大限度地发挥市场的价值取向，现已被正式采纳（2004—2005）
- 从Sun Microsystems、Honeywell、Kenwood 和Unisys公司获得业务，成立了一种新型媒体机构“IO”，Ideal Solutions的附属公司。以IO客户网站销售为重点，建立了一种创新的网络营销服务。（1998—2000）

建立客户关系（上至公开股份有限公司的董事高层）

- 在Ideal Solutions公司期间，发展了40多个长期客户关系，通过展现对客户业务问题、技术和需求的广泛理解，创造了高达100万英镑的年费收入，并建立信誉。（1994—2000）
- 被前任领导/客户反复聘用，从事自由顾问。（2003年至今）

NEIL HOWLIN
The Cottage, 99 Boxtown Road, London E24 3DA
+44(0)7775 ××× ×××,
neil_howlin@temachin.com

Appetite for mountain-sized challenges being equally fluent in business, finance and technology. Fourteen years of marketing and management positions in both turnaround and start-up environments, with over 120 clients (corporate, public sector, entrepreneurial and SME).

Results-focused (from sales to process improvement)

- Achieved personal objective of graduating at top of full-time MBA class (jointly with team-mate) at Henley Management College by combining commitment and discipline with analytical insight. (2003-2004)
- Exceeded profit targets for three consecutive years by up to 225% at Metrocube, an internet incubator. by understanding each client's business needs (explicit and latent) and creating profitable services to fulfil them. (2000-2003)

Transforming strategic anatysis into creative sotutions

- Increased estimated IPO valuation of Loewy Group (marketing services) by up to £1m (10%) by challenging their acquisition integration strategy, supporting the case by identifying key valuation metrics from market peers. Developed an implementation plan to maximize market perception of value-now adopted.(2004-2005)
- Won business from Sun Microsystems. Honeywell. Kenwood and Unisys after launching a new media agency "10", a subsidiary of Ideal Solutions. Created an innovative e-marketing service making 10 client websites sales focused. (1998-2000)

Building client relationships (up to PLC board level)

- Developed over 40 Long-term client relationships at Ideal Solutions, generating up to £1m annual fee income and building credibility by demonstrating extensive understanding of clients' business issues, technologies and customer needs.(1994-2000)

高压环境下打造忠诚团队

- 在Metrocube公司增强了主人翁精神和责任感，扭转了利润下滑的趋势，使企业能够在经济不景气的2001年市场表现良好。训练团队，化被动为主动，将他们融入业务发展流程，以达到自力更生。
- 5100人签署了“BeyondBricks.com”，由英国贸易工业部投资150万英镑成立，旨在刺激互联网创业精神。带来了网络门户的发展，且运行团队皆为财团成员。为事件和活动赞助开发出全英范围内的伙伴关系网，以拓宽预算涉及面。（2001—2003）

财务敏感与认知

- 在就读MBA期间，专注于财经知识，为未来的经验增加专业知识。促成了管理200万英镑盈亏的经历，以及高达150万英镑的项目，在企业规模上理解了企业财务问题。获得了上午金融选修课程以及研究购置价值专题论文的最高分。（2004）
- 在Metrocube公司指导了50万英镑的扩建工程，仅从现金流中融资建立了第二个开发培训中心。在严重挫折导致了危机局势，又因需要履行客户承诺而更加复杂的情况下，克服了这种危机。激发直接工作人员和第三方工作人员团队的卓越表现，且存在周期延长。持续的情况感知能力、积极的预算管理以及与供应商之间的谈判，确保了客户承诺，而公司仍然保持了乐观的现金流。（2001）

职业履历

项目经验包括并购整合、新业务投放、战略分析、品牌再定位、基础设施设计、市场营销和客户管理方案、企业重组、程序开发和重建。

部门经验包括IT（硬件、软件、服务）、宣传部门、营销服务、销售渠道、电子商务、新媒体和消费产品。

Capgemini咨询公司：高级顾问 **2005年9月—现在**

第三大管理和技术顾问公司。加入转型顾问团队。

项目咨询 **2003年3月—2005年8月**

客户包括Loewy集团（广告业）、T-Mobile、Servo集团（IT服务）、Carrenza（技术咨询公司）。受雇于Henley商业中心，为Qinetiq公司的信

• Repeatedly re-hired by former employers / clients as freelance consultant. (2003-present)

Creating committed teams in high-pressure environments

• Increased sense of ownership and trust at Metrocube, reversed a declining profit trend, enabled business to outperform market during the economic downturn in 2001. Coached team and transformed flagging morale into motivated, selfreliant individuals by engaging them in the business process development.

• 5,100 people signed up to the Project "BeyondBricks.com" supported by £1.5m DTI funding to stimulate internet entrepreneurship. Led web-portal development and operations team formed from consortium members. Developed UK-wide partnership network for content and event sponsorship to extend reach of budget. (2001-2003)

Financial Acumen and Awareness

• Focused on finance during MBA to add formal knowledge to hands-on experience, Leveraged experience of managing £2m P&L and projects up to £1.5m to understand corporate finance issues at enterprise scale Gained maximum grades for both business finance elective module and for dissertation researching acquisition valuation. (2004)

• Directed £0.5m expansion project at Metrocube, established second incubation centre financed only from cash flow. Overcame crisis situation caused by profound setbacks, complicated by the need to fulfil a client commitment. Motivated team of direct and third-party staff to exceptional performance and long hours. Continual situational awareness, aggressive budget management and negotiation with suppliers ensured client commitments were kept whilst company remained cash flow positive throughout. (2001)

Career History

Project experience includes merger integration, new business launches, strategic analysis, brand repositioning, infrastructure design, marketing and CRM programmes, business restructuring, process development and re-engineering.

Sector experience includes IT (hardware, software and services), public sector, marketing services, distribution channels, e-commerce, new media and

息安全中心和AXA公司的业务连续性管理进行授权调查。

亨利管理学院全职MBA 2003年7月—2005年1月

欧洲顶级商学院之一，世界最国际化的MBA之一，包括在南非、美国、澳大利亚和中国学习研究。以全班并列第一的成绩毕业，并曾作为最佳表现团队成员。

Metrocube公司首席执行官兼首席技术官 2000年4月—2003年3月

互联网启动的商业培训开发公司。加入了管理团队，利用贸易销售所产生的乐观而稳定的现金流，发起和指导了200万英镑的盈亏，直至2003年离职。管理了8个直接团队的报告，以及多达30个间接或第三方团队的报告。

Ideal Solutions公司客户总监 1993年1月—2000年3月

整体营销和广告机构，作为第一名员工加入该公司。为IT业蓝筹股客户策划了150多个营销和客户关系管理项目，这些客户包括Oracle、Granada股票上市公司、Compel股票上市公司、Honeywell、SCO、MDIS和 Lotus/IBM。通过招聘将客户团队发展至20名员工，并创造了150英镑的收入。

教育

亨利管理学院MBA（2005）

销售、演讲和谈判的商务课程（1996—1998）

业余活动

10年来作为慈善剧团的会员，支持当地慈善事业。激情的滑雪爱好者。

consumer products.

Capgemini: Senior Consultant **Sep 2005-present**

Third largest management and technology consultancy. Joined Transformation Consulting team.

Consulting projects **Mar 2003-Aug 2005**

Clients include Loewy Group (advertising). T-MobiLe, Servo Group (IT services) and Carrenza (technology consuttancy).

Hired by the Henley Centre for Business to conduct commissioned research on Information Assurance for Qinetiq and Business Continuity Management for AXA.

Full-time MBA, Henley Management College **Jut 2003-Jan 2005**

One of Europe' s top business schools and one of the world' s most international MBAS, including study in South Africa, USA, Australia and China. Graduated joint first in class and member of top-performing team.

COO&CTO, Metrocube **Apr 2000-Mar 2003**

Business incubator for internet start-ups. Joined management team at launch and steered £2m P&L through consistent positive cash flow generation until exit in 2003 through trade sale. Led direct team of 8 and up to 30 indirect / third party reports.

Account Director. Ideal Solutions **Jan 1993-Mar 2000**

Integrated marketing and advertising agency-joined as first employee. Managed 150+ marketing and CRM projects for blue-chip IT sector clients including Oracle, Granada plc, Compel ptc, Honeywell, SCO, MDIS and Lotus / IBM. Recruited and developed account teams to grow business to 20 employees and £1.5m revenue.

Education

Master of Business Administration, Henley Management College (2005)

Business courses in Sales, Presentation and Negotiation (1996-1998)

Outside work

Ten years as member of charitable theatre group supporting local causes

Passionate snowboarder.

达伦·菲尔

Pure, Dolphin House, 2-5 Manchester Street, Brighton BN2 1TF
电话：0870 765 7222, ××× ×××,
Email: darren.fell@pure360.com

我是一个创意制造者，能够让美梦成真。我利用兴奋和热情鼓舞他人，来打造高技术团队。我决心坚定，永不放弃，并且我的专项是递交出色成果。12年来，在知名度的业务发展中演企业家角色、Pure公司的创始人以及现在的销售和营销总监。

公司创办人——白手起家

- 成功地证明了email和文本营销的必要性。在2000年实现了自己的野心，创立了自己的公司。为了测试最初的想法，建立起一个试点公司，并建造了一个原型，使聚会组织者能够通过email和短信管理聚会邀请、分发提醒以及促销信息。
- 2001年Pure360.com诞生了。撰写了一份描绘公司未来发展的商业计划，并成功实现。原始开发团队和系统规范结合起来，创立了email和短信息体系，Pure获得了其首位蓝筹股客户。

自我信任——我将用我的全部所得进行投资

- 我非常相信Pure的生存能力，因此第一年我就用自己所有的积蓄和二次抵押住房对整个项目进行融资。
- 为了达到甚至超过预期，18个月来我每周工作70小时，建立了该公司的坚实基础。

总是雇用聪明人

- 为了是大容量email和短信息能够发送，并且拥有一个庞大的客户基础，雇用一名技术总监来建造一个可升级系统是至关重要的。任命了一名非常优秀的设计师和开发员，后来也聘用了主要的技术团队。这使得Pure360.com大大增加了其收入来源。（2003）
- 为使Pure扩展到下一个阶段，并且保持在产品进化竞争中的领先地位，引进了一名经验丰富的董事总经理，进行安全管理公司全方位的成长。

Darren Fell

Pure, Dolphin House, 2-5 Manchester Street, Brighton BN2 1TF

Tel: 0870 765 7222, ××× ×××,

E-mail: darren.fell@pure360.com

I am an ideas generator capable of turning dreams into reality. I inspire others through excitement and enthusiasm to create highly skilled teams. I am determined and never give up and my forte is delivering outstanding results. Twelve years in high-profile business development and entrepreneurial roles, founder and now Sales and Marketing Director of Pure.

Company builder-start from scratch and grow

- Successfully demonstrated the need for email and text marketing. In 2000 realized my ambition and founded my own business. To test initial idea, set up a pilot company and built a prototype that allowed party organizers to manage party invites and to distribute reminders and promotions via email and text messages.
- In 2001 Pure360.com was born. A business plan mapping the company's future growth was written and investment won. The initial development team and system specification were put together, the email and SMS system was created and Pure won its first blue chip-clients.

Self belief-I will invest everything I've got

- My belief in the viability of Pure was so great that for the first year I financed the whole project by using all of my savings and re-mortgaging my home.
- To achieve and exceed expectations, I worked 70-hour weeks for 18 months to create a strong foundation for the business.

Always employ smarter people

- To enable high-volume email and SMS deliveries and take on a large customer base, it was imperative to employ a Technical Director to build a scalable system. An exceptionally talented Architect and Developer was appointed and further key technical team members hired. This allowed Pure360.com to considerably increase its revenue stream. (2003)

这使得原来的团队成员都将精力放在他们的主要领域，并且也使Pure实现了扩展。（2005）

开发机遇

- 我调任销售总监一职，而这一简单的转岗使销售额增长了400%。为了最大化发挥我们真正的潜力，在聘用外部常务董事之前，我询问了资源配置，以确保团队在任何时刻都在发挥他们的优势。我的优势在于销售，尽管我的大多数时间都在管理公司。技术总监，同样也是一名受过专业训练的会计，被任命为董事总经理，来总揽全司运行。（2004）
- 提升了公司知名度，并赢得了一批新的大客户，例如RS Component，在32个国家使用Pure的系统。为了使基础客户了解Pure，利用有限的资金研究了英国的赞助机会。与爱丁堡国际电影节、布莱顿艺术节以及聊天网站Popbitch签订了贸易合作协议。让他们提供免费或补贴使用email，并且对Pure品牌送出的每一个信息建立移动营销系统。

职业履历

Pure(pure360.com)2000年至今（包括概念论证阶段）

建立者以及销售兼营销总监

Colt Telecom公司2000—2001

欧洲区域客户主管

GX Networks公司1999—2000

客户主管

Bates Australia公司1998—1999

电子商务主管

Morse Computers公司1996—1998

客户主管

Frontier Internet Services1995—1996（股东之一，目前公司以卖给Mistral Internet公司）

销售主管

Cable & Wireless（Mercury Communications公司）1989—1995

维护工程师，销售工程师

- To take Pure's expansion to the next level and keep ahead of its competitors in terms of product evolution. a highly experienced Managing Director was brought in to safely manage the growth of the business in all aspects. This enabled the original team members to focus on their key areas and Pure to expand. (2005)

Uncovering opportunities

- I moved to the position of Sales Director and this simple move increased sales by 400%. To maximize our true potential, prior to an outside MD being appointed, I questioned the resource allocation to ensure the team were working to their strengths at all times. My strengths lay in selling, whilst most of my time had been involved managing the company. The Technical Director,also a trained accountant, was made Managing Director to oversee the running of the company. (2004)
- Raised company awareness and won major new clients such as RS Components, who use Pure's system in 32 countries. To make Pure known to its customer base, with limited funds studied UK sponsorship opportunities. Signed deals with The Edinburgh International Film Festival, Brighton Festival and Fringe and cult gossip web site Popbitch. This gave them free or subsidized use of the email and mobile marketing system in return for Pure's branding on every message sent.

Career History

Pure(pure360.com)2000-present (including proof of concept)

Founder and Sales & Marketing Director

Colt Telecom 2000-2001

European Account Manager

GX Networks 1999-2000

Account Manager

Bates Australia 1998-1999

E-Commerce Director

Morse Computers 1996-1998

Account Manager

Frontier Internet Services 1995-1996 (Shareholder,company recently sold to Mistral Internet)

Sales Manager

Cable & Wireless(Mercury Communications)1989-1995

Maintenance Engineer to Sales Engineer

大卫·沙尔普

作为资金管理人、经济学家、策划师和研究主管，拥有20年的投资经验，从世界各地收集真实的信息。在领导团队和增加公司收益方面具有强大的追踪记录能力，因强大的分析与交流技能著称，并且通过伦敦商学院的斯隆硕士课程使这些能力获得增强。

投资过程中的专家

- 采用一种专有方式，为一家欧洲主要银行选择三只对冲基金而投资6000万美元这项任务给出建议。
- 编写并发表了备受好评的斯隆硕士研究论文，主题是关于英国资金管理业绩，与Mercer投资顾问公司和顶级投资人一起，在性能上评估个性的效果和执行的投资程序。
- 建立并实施了新的欧洲、中东、非洲(EMEA)战略步骤，以及欧洲单独的战略步骤，借鉴了专有新货币以及市场情绪指标。
- 重新设计的亚洲经济框架，以适应新兴市场固定收益产品。发展客户关系，为BZW的佣金收入和公司利润翻倍推波助澜。

分析性独立思考

- 赢得了最佳斯隆战略管理报告——埃森哲奖。
- 对在亚洲金融高度危机中如何解决收支危机的问题，对马来西亚政府给出建议。这些提议在财政计划中全部采纳。
- 创办了一本亚洲区域股市战略刊物，使用的是原始框架。被全球资金管理人推选为亚洲顶级经济学家/战略策划师，并于5年内始终保持高销售率。

团队领导能力

- 提高生产率，降低员工离职率，在建立和发展高效团队上拥有12年经验，团队人数由4人至60余人不等。
- 管理并伴随超过35种国籍的同事工作在一起。
- 成功地合作着手EMEA商务准备工作，尽管身为副总，但老板临时休假。在3个月间管理了EMEA研究团队，最终生产率增长了25%。

DAVID SHAIRP

20 years'investment experience as a fund manager, economist, strategist and research director gleaned literally from the four corners of the world. Strong track record in leading teams and increasing companies' profitability, distinguished by strong analytical and communication skills and enhanced by the world-class Sloan Fellowship programme at London Business School.

Expertise in investment processes

- Advised on a mandate to invest $60m by selecting three funds of hedge fund for a major European bank, using a proprietary methodology.
- Developed and published an acclaimed Sloan Master's research thesis on UK fund management performance, working with Mercer Investment Consulting and top investors, to assess the effect of personality and investment process on performance.
- Created and implemented new EMEA and European strategy processes, with proprietary new currency and market sentiment indicators.
- Re-engineered Asian economic framework to fit into an emerging markets fixed-income product. Developed client relationships that helped lead to a doubling in BZW's commission income and firm profit.

Analytical and independent thinking

- Won the Accenture award for the best Sloan strategic management report.
- Advised the Malaysian government on how to solve its balance of payments crisis at the height of the Asian crisis. Proposals were adopted in full in the fiscal package.
- Pioneered a regional Asian equity strategy publication, using an original framework. Rated as No 1 economist / strategist in Asia by global fund managers and held consistently high ratings over a 5-year period.

Team leadership

- Increased productivity and reduced employee turnover,with 12 years'experience creating and developing high performance teams, ranging from 4 to 60+people.
- Managed and worked with colleagues of over 35 nationalities.
- Coordinated successful launch preparations of EMEA business as deputy to

- 为BZW的亚洲研究设计了一套健全的商业计划，以提高生产率和客户渗透率。实现了排名前五，并提高了市场份额。

沟通技能

- 在国际会议上进行引人入胜的演讲，包括CBI、GSIC、BZW全球战略会议。
- 经常在电视和平面媒体上露面，包括CNN、CNBC、《金融泰晤士报》以及《南华早报》。
- 在43家国际金融中心经常为学会客户作演讲。

个人信息： 生日：1959.11.4。已婚，有三个小孩

联系方式： Tree Grange, Woods Lane, East Sussex
Tel: 44(0) ××× ××× ××　　Mobile: 44(0) ××× ×××
Email: DShairp.sin2003@london.edu

教育： 伦敦商学院，斯隆硕士课程管理学专业；艾克斯特大学，法律学与经济学（2∶1）；LSE考试。

职业履历

顾问　　金融服务　　2003—2004

- 在创造CPPI结构性产品之前，为21亿英镑的对冲基金向一家主要欧洲银行贯彻了详细的注意事项。
- 对对冲基金的选择开发出一种专有方法，并帮助一家主要银行选择了三个对冲基金作为其6000万美元的原始投资。
- 为Investec’s UK Equity团队进行了一系列心理个性测试，并介绍了调查结果及其对商务战略以外的影响。
- 为英国一家顶级私人银行制订了一套商业计划，将其业务从银行主导型转变为投资主导型。

伦敦商学院　　斯隆硕士课程　　2002—2003

- 赢得了最佳斯隆战略管理报告——埃森哲奖。
- 编写并发表了备受好评的研究论文，主题是关于英国资金管理业绩，在

the boss who was temporarily on leave. Managed EMEA research team with a consequent 25% increase in productivity within 3 months.

- Devised a robust business plan for BZW's Asian research to improve productivity and client penetration. Achieved top-5 ranking and raised market share.

Communication skills

- Delivered acclaimed presentations at international conferences, including the CBI, GSIC, BZW global strategy conference.
- Appeared frequently on TV and in the print media, including CNN, CNBC, the *Financial Times*, and *South China Morning Post*.
- Presented regularly to institutional clients in 43 international financial centres.

Personal details: Born: 4 November 1959. Married with three children

Contact details: Tree Grange, Woods Lane, East Sussex

Tel: 44(0)××× ××× ×× Mobile: 44(0)××× ×××

Email: DShairp.sin2003@london.edu

Education: London Business School, Sloan Masters(MSc)Programme in Management; Exeter University, BA(Hons) Economics(2:1); London Stock Exchange examinations

Career details

Consultant **Financial Services** **2003-2004**

- Carried out detailed due diligence for a major European bank on a 210m fund of hedge funds, prior to creating a CPPI structured product.
- Developed a proprietary methodology for FoHF selection and helped a major bank select three FoHFs for an initial investment of $60m.
- Conducted series of psychometric personality tests for Investec's UK Equity team and presented the findings and implications at business strategy offsite.
- Devised a business plan for a leading UK private bank, to transform its business from being banking-led to investment-led.

London Business School **Sloan Fellow London** **2002-2003**

- Won Accenture team award for the best Sloan strategic management report.
- Published an acclaimed research thesis on UK fund management performance,

性能上评估个性的效果和执行的投资程序。

- 为一家主导服装品牌做咨询，并为其开发出电子商务战略。

BNP Paribas　　战略分析师、首席经济专家、伦敦及香港调研主管

1998—2002

- 领导了EMEA10人调研小组，预见了生产率25%的增长。
- 领导了13人的多功能团队，对奥地利市场创造了一份调研广泛的刊物，以及一场成功的巴黎会议的几只股票。
- 发行了一份全新的欧洲战略刊物，获得了客户的认识，并开立账户。
- 领导了一个4人经济小组，以伦敦和香港作为基地，于1999年将研究生产率翻了三倍，并且在公司被收购的过程中，开创了首份全新电子刊物。

Caspian Securities Ltd　合作伙伴及亚洲战略策划师 新加坡和伦敦

1997—1998

- 应邀成为世界首家全球互联网投资银行的合作伙伴之一
- 在1997年12月马来西亚政府的财政一揽子方案之前，作为经济顾问对其给出建议。这些提议在财政计划中全部采纳。

亚洲BZW有限公司　　区域研究主管/亚洲战略策划师 香港和新加坡

1990—1996

- 在1991至1994年间，提高了整体的调研渗透率，成为前五名，并获得市场份额。成功领导了10个公司调研团队（60位分析师）。
- 于1992年至1993年开创了一本亚洲区域股市战略产品，使用的是原始框架。被推选为亚洲顶级经济学家/战略策划师。

UBS-Phillips&Drew　　远东经济学家 伦敦和香港　　1984—1990

- 身为排行第一的团队一员。从无到有开创了亚洲经济产品，引起了学术机构和政府的高度重视。

James Capel&Co　　私人客户及退休基金主管 英国　　1982—1984

to assess the effect of personality and investment process on performance.

- Consulted for a leading clothing brand and developed its e-commerce strategy.

BNP Paribas Strategist, Chief Economist & Head of Research London and Hong Kong 1998-2002

- Led 10-person EMEA research team, oversaw 25% increase in productivity.
- Led a 13-person cross-functional team to create an extensive research publication on Austria's market and top stocks for a successful Paris conference.
- Implemented a new European strategy publication, which gained client recognition and led to account openings.
- Led a four-man economics team, based in London and Hong Kong, tripling research productivity in 1999 and pioneering an original new electronic publication, while firm was in process of being acquired.

Caspian Securities Ltd Partner and Asia Strategist Singapore and London 1997-1998

- Invited to become a partner in the world's first global internet investment bank.
- Acted as an Economic Adviser to the Malaysian government prior to its December 1997 fiscal package. Recommendations were adopted in full.

BZW Asia Limited Regional Research Director / Asia Strategist Hong Kong and Singapore 1990-1996

- Improved overall research penetration, with top-5 rankings and gained market share. Successfully led 10 corporate research teams (60 analysts) from 1991/94.
- Pioneered a regional equity strategy product using an original framework approach and was voted the top economist/strategist in Asia in 1992/93.

UBS-Phillips & Drew Far East Economist London and Hong Kong 1984-1990

- Member of the no. 1-rated team. Created Asian economic product from scratch. which was well regarded by institutions and governments.

James Capel & Co Private Client & Pension Fund Manager London 1982-1984

贾斯丁·库伯
66 The Look Out, Birling Gap, Sussex, UK
Tel：01321xxx xxx
Email：justine.cobb@virgin.net

我能完成工作。我从不丢球。在全球时尚和商业领域18年的工作为我提供了宝贵的经验。我怀有积极的希望，以及对成功的极大热情。

有效交流：书面和口头

- 保证新的职员完全了解公司基本情况并变成高效的团队成员。制作、编写和呈现办公介绍材料，这些材料融合了公司政策、程序、健康和安全法规、部门责任等。（Infoline, 1999—2005）
- 在2004年获得“人力投资师”认证，并在Infoline公司得以成功运用。联络评估员，通过Sussex Enterprise建立基金，并通过演讲和书面文件实现了公司的补购。

组织能力：能按时完成工作；遇必要时有主动性

- 组织和监督一年中连续90到120天的业务协调。包括安排和监督所有的活动。业务日期是固定的，所以很有必要去按时完成、控制风险和坚持严格的预算。这是我日常工作的必要任务。（Infoline, 1999—2005）
- 管理项目的翻新，并且为了Infoline会议的需要搬进新办公室。协调电话转移、宽带连接、IT网络、职员和家具。必须确保人们知道做什么和什么时候做，以及管理第三方供应商的活动。

解决问题技能：采取乐观和现实的方法

- 为了提高准确性、节省时间、开发团队的IT知识，在表格中引进了宏。一旦团队知道怎样建立一个宏，他们就会寻找任何机会去使用它。
- 安排运送在2005年7月7日伦敦恐怖袭击中被困的职员和代表。250名代表和6名职员需要从伦敦中心回家。保证代表们可以获得关键紧急服务信息，确保职员可以通过我们在伊斯特本的办公室给他们的同事和家人传递信息。调整现有安排，让代表们离开城市到达车站和机场，进而回到家。

JUSTINE COBB

66 The Look Out, Birling Gap, Sussex, UK

Telephone: 01321 ××× ×××,

E-mail: justine. cobb@virgin.net

I get the job done. I don't drop the ball. Eighteen years in the commercial world of fashion and business has given me a wealth of experience. I have a positive outlook and a passion for succeeding.

Effective communications: written and verbal

- Ensured new recruits were fully briefed and became effective team members. Created, wrote and presented the office induction material incorporating company policy, procedures, health and safety, departmental responsibilities etc. (Infoline, 1999-2005)
- Gained "Investors in People" accreditation in 2004 Leading the successful deployment and implementation within Infoline. Lead contact with the assessor, set up funding through Sussex Enterprise and gained company buy-in through presen-tations and written documents.

Organizational agility: working to deadlines; initiative as occasion demands

- Organized and oversaw the coordination of between 90 and 120 event days a year. Involved scheduling and overseeing all activities. Event dates were fixed so it was imperative to hit deadlines, manage risk and stick to strict budgets. This was a daily necessity of my role. (Infoline,1999-2005)
- Project managed refurbishment and move to a new office for Infoline Conferences. Coordinated transfer of telephone numbers. broadband connection, IT network, staff and furniture. Had to ensure people knew what to do and when to do it, as well as managed activities of third-party suppliers.

Problem-solving skills: taking an optimistic and realistic approach

- To improve accuracy, save time and develop the team's IT knowledge, introduced a Macro in a spreadsheet Once team knew how to create a macro,

良好的财务计算能力

- 协助Infoline的总经理设定预算并控制一个80000英镑办公室翻新的支出。
- 一开始处理所有的销售发票和会议的付款收据。随着公司成长，雇用和管理新的财务控制者，他们为公司提供所有的账目。
- 致力于严格的预算控制：包括会场选用、供应商的协商费和促销支出。监控所有支出和收入，将所有数据分解成易于衡量的单元；每位代表的开销。

职业总结

Infoline Conferences Ltd　　1999年10月—2005年8月

营运经理

对总经理负责，我对营运部门的运行负有全部责任。

管理一个团队，这个团队负责有关公司物流和技术协调方面的所有事宜。

办公室和建筑管理。

人力资源招聘、健康和安全法规、解雇程序。

客户良好的主动权，人员投资，商务恢复规划。

Claremont Garments　　1990年3月—1999年3月

（Marks & Spencer Plc的内衣和儿童服饰的主要供应商）

技术/质量保证经理（1995.5-1999）

从质量和技术两个方面，负责两个工厂新款式的执行和生产。

技术经理（1997.10—1998.8）

会计主管（1994.9—1995.4）

Grading Manager（1990.3—1994.8）

Jaeger Tailoring Limited　　1987年9月—1990年2月

无品牌设计师/样式裁剪人

为Mark & Spencer Plc制作经典的Jaeger风格服装和西服系列。

they were Looking for any opportunity to use one.

- Arranged transport for staff and delegates caught up in the terrorist attacks of 7 July 2005 in London. 250 delegates and 6 members of staff needed to get home from central London. Ensured delegates had access to key emergency service information and made sure staff members could give information to their colleagues and families via our office in Eastbourne. Juggled existing arrangements to get delegates out of the city to stations and airports then safely home.

Good financial numeracy

- Assisted the Managing Director of Infoline in setting the budget and controlling spend of an £80,000 office refurbishment.
- Initially processed all sales invoices and payment receipts for the conferences. As company grew, recruited and managed the new financial controller who provided all the accounts for the company.
- Worked to tight budgetary controls: for venue hire, negotiated fees for suppliers and promotion spend. Monitored all outgoings and incomings and broke down all the figures into easily measurable units; cost per paying delegate.

Career Summary

Infoline Conferences Ltd **October 1999 to August 2005**

Operations Manager

Accountable to the Managing Director, I had overall responsibility for the running of the Operations Department.

Management of a team covering all aspects relating to the logistical and technical co-ordination of each of the company's events.

Office and building management.

Human Resources-recruitment, health and safety, fire procedures.

Customer excellence initiatives, Investors in People, business recovery planning.

教育背景

伦敦时尚学院：　　B/TEC HND服装技术

B/TEC OND服装技术

IT技能

办公软件：Microsoft Word，Excel，PowerPoint

Internet和电子邮件

数据库运行

Claremont Garments **March 1990 to March 1999**

(Major lingerie and children's wear supplier to Marks & Spencer Plc)

Technical / Quality Assurance Manager (May 1995-1999)

Responsible for the implementation and production of new styles, from both a quality and technical aspect for two factories.

Technical Manager (October 1997-August 1998)

Account Manager (September 1994-April 1995)

Grading Manager (March 1990-August 1994)

Jaeger Tailoring Limited **September 1987 to February 1990**

Unbranded Designer/Pattern Cutter

Creating classic Jaeger-style dresses and suit collections for Mark & Spencer Plc.

Education

London College of Fashion: B / TEC HND Clothing Technology

B / TEC OND Clothing Technology

IT Packages

Office: Microsoft Word, Excel, PowerPoint

Internet and email

Running of databases

菲奥娜·穆里 FIMC CMC，MBA
Wheatland，Blackbush Rd，Round Hay Park，Leeds，LS17 9OD
Tel：44（0）1132××× ×××
Email：fi@indepthcg.com或Fiona.murie@tiscali.co.uk

从营运和项目管理到战略发展和管理咨询，我拥有27年的公务员经历。我以身作则，通过分析和计划让事情做得更好，并且我从收到的正面回应中获得更高的动力。

多才多艺的领导者

- 建立了一个积极向上的团队，在700万英镑的预算内，完成了所有业绩目标；将缺席率从12%降低到9.5%，获得了特许奖章。有效管理一个拥有300名职员的繁忙的营运单位，这些职员处理了75000份新的救济金申请和持续维护。挑战陈旧流程，给人们实现新想法的自由，改善了结构，促进了合作。（2002/2003）
- 修复了Jobcentre Plus的一个失败项目。为理解股东之间的角色和关系进行观察和质疑。审查了团队角色，修复了成员之间的关系，并推行了一个管理结构。建立了一个富有凝聚力的团队，这个团队专注于目标的实现并推动整个项目前行。（2003/2004）

分析能力

- 在一个重大的改革项目中，将五个公司合并成一个拥有400名职员的公司。区分任务的优先次序并与利益相关者合作。发展组织结构，明确高水平流程并执行一个策略来调整服务。按计划成功开设一个拥有清晰易懂发展计划的新分支机构。（2000）
- 让职员清楚自己的工作，迫使高级经理们承担责任并为项目的未来作出决策。塑造一个没有多少进展的错误组织的项目。通过与利益相关者讨论明确问题。合理分配人员履行各个任务，制作项目文档和一个全面计划，贯彻了管理安排。（2004/2005）

质量交付结果

- 为一个国家IT项目提出收益实现策略。研究了最优实践，开展了深入采

Fiona Murie, FIMC CMC, MBA
Wheatland, Blackbush Rd, Round Hay Park, Leeds, LS17 9OD
Tel: 44(0)1132 ××× ×××,
E-mail: fi@indepthcg.com or Fiona.murie@tiscali.co.uk

Twenty-seven years' experience in the Civil Service from operational and project management roles to strategy development and management consultancy. Lead by example using analysis and planning to get things done and gain further motivation from the positive response I receive.

Versatile leader

- Created a motivated team that accomplished all performance targets within £7m budget, reduced absence rates from 12% to 9.5% and achieved Charter Mark status. Effectively managed a busy operational unit with 300 staff processing 75,000 new claims for benefit and their ongoing maintenance. Challenged archaic processes, gave people freedom to execute new ideas, improved structure and encouraged collaboration. (2002 / 2003)
- Fixed a failing project in Jobcentre Plus. Observed and questioned to understand roles and relationships with stakeholders. Reviewed team roles, restored partnerships and implemented a governance structure. Built a cohesive team focused on delivery of objectives and able to move the project forward. (2003 / 2004)

Ability to analyze

- Brought together five businesses into one with 400 staff during a major change programme. Prioritized tasks and engaged with stakeholders. Developed organizational structure, identified high-level processes and implemented a strategy to align services. Successfully launched the new branch on schedule with a clearly understood plan of development. (2000)
- Created clarity for staff and forced senior managers to take responsibility and make decisions about the future of the project. Shaped a disorganized project where little progress had been made. Identified problems through

访，组织并推动了一个涉及所有利益相关者的专题讨论会，制成了收益实现计划。这确保了持续的资源和高级管理层的承诺。顾客对我的评估中称赞“工作一流的一颗明星”。（2004）

- 改变了一个重大改革项目的计划和管理。通过采访获得信息并审查最优实践。为所有股东制订了一个工作层面的计划，为项目董事会制订了一个战略计划。为项目提供了一个稳固可见的基础，并关注于领导层的讨论。随后使用于所有相似的项目中。（2002）

激励他人

- 对两所小学的班主任进行指导，作为“领导关系合作项目”的一部分。了解了学校生活和相关问题。提供建议和指导，分享知识并传授技能。班主任的个人效率得到提高，并获得了不同管理环境的宝贵知识。
- 一个由6名女士组成的小型非正式网络集团的共同创始人。研究现有网络集体并评估支持水平。建立职权，组织会议，促进讨论并提供支持和动力。毫无意外，每个人在职业和个人方面都得到了发展。（2000年以前）

有效交流者

- 撰写发行给首相的关于部门进展的报告。通过分析评估来理解公司定位并明确需要改进的方向。协调九个独立业务的贡献，设计并促进一个专题讨论会，起草进展报告和改进计划。报告由高级官员签署同意并按时呈递。（2005）
- 个人支持帮助了两个政府账目委员会中的福利机构首席执行官。审查议会议事录和以前关于相似听证会的文件。组织他人提供信息，整理回复，编辑概要，并在实际听证会上予以支持。首席执行官从而能迅速准确地作出回应。由于我的贡献，我得到他个人的感谢和奖励。（1998/1999）

职业生涯

在就业和养老金部门的不同职位上工作了27年：

总管理顾问	2004年至今
项目经理/顾问	2003—2004
营运经理	2002—2003

discussion with stakeholders. Allocated people to tasks, produced project documentation, a comprehensive plan and implemented governance arrangements. (2004 / 2005)

Deliver quality results

- Delivered the benefits realization strategy for a national IT project. Researched best practice then conducted in-depth interviews, organized and facilitated a workshop with all stakeholders, and produced the benefits realization plan. This helped secure continued resource and senior management commitment. My customer's evaluation said "a star in the making who has delivered a first-rate job". (2004)
- Transformed project plan and management of a major change project. Interviewed people to gain knowledge and examined best practice. Developed a working-level plan for all stakeholders and a strategic plan for the project board. Provided a solid and visible foundation for the project and focused discussion at board level. Subsequently adopted across all similar projects. (2002)

Inspire others

- Mentored two primary school head teachers as part of the "Partners in Leadership Programme". Gained an understanding of school life and the issues. Provided advice and guidance, shared knowledge and transferred skills. Head teacher's personal effectiveness was increased and gained valuable knowledge of a different management environment.
- Co-founder of a small informal network group of six women. Researched existing network groups and gauged level of support. Established remit, organized meetings, facilitated discussions and provided support and motivation. Without exception, everyone has developed professionally and personally. (2000 onwards)

Effective communicator

- Wrote report issued to the Prime Minister about Departmental progress. Analyzed assessments to understand the position and identify areas for

副项目经理	2001—2002
项目经理	2000—2001
部门主管	1999—2000
战略经理	1995—1999
各种管理职位	1987—1995
各种行政职位	1979—1987

职业资格和认证

管理实践证书，管理和政策研究中心，2005

工商管理硕士，利兹城市大学，2004

管理证书，利兹城市大学，2002

MBTI师，2005

管理顾问认证，2005

PRINCE2师，2003

管理顾问研究所研究员，2004

improvement. Co-ordinated contributions from nine separate businesses. designed and facilitated a work-shop, drafted the progress report and improvement plan. Report agreed and signed-off by senior civil servants and delivered on time. (2005)

- Personally supported the Benefits Agency Chief Executive at two Public Accounts Committees. Examined Hansard and previous papers on similar hearings. Organized others to provide information, collated responses, compiled briefing and supported at the actual hearing. The Chief Executive was able to respond quickly and accurately, received his personal thanks and was rewarded for my contribution. (1998 / 1999)

Career History

Twenty-seven years in the Department for Work and Pensions in the following roles:

Principal Managing Consultant	2004-present
Project Manager / Consultant	2003-2004
Operational Manager	2002-2003
Deputy Project Manager	2001-2002
Project Manager	2000-2001
Section Head	1999-2000
Strategic Manager	1995-1999
Various management roles	1987-1995
Various administrative roles	1979-1987

Professional Qualifications and Accreditation

Certificate in Consultancy Practice, Centre for Management & Policy Studies, 2005

Master of Business Administration, Leeds Metropolitan University, 2004

Certificate in Management, Leeds Metropolitan University, 2002

MBTI Practitioner, 2005

Certified Management Consultant, 2005

PRINCE2 Practitioner, 2003

Fellow of the Institute of Management Consultants, 2004

迈克尔·马修斯

Hampstead Rd，London NW3

Tel：44（0）207 xxx xxx，

Email：mjam@invest.co.uk

一个21岁的意志坚强的领导者，富于竞争性，对最高水平的成功充满渴望。目前在攻读投资硕士。

2004—2005　**伯明翰大学，投资硕士**

2001—2004　**经济学学士（荣誉），银行金融系，2.1，威尔士大学，卡迪夫**

团队精神和领导力

- 作为卡迪夫商学院RFC的队长，领导球队战胜了卡迪夫大学橄榄球联盟。富于献身精神，勇于承担起球场内外活动的责任，在整个队中培养出愉悦、好胜的态度。主要职责包括：组织和指导每周的训练会议，与运动设施经理交流，向队员提供建议以提高成绩、取得更丰厚的成果。
- 连同三个课程成员，参与了“自由银行环境的案例和争论”研究生银行项目。有效的时间管理使得项目组每周会面一次。在会议上委派任务，如具体的学术研究领域，截止日的设定以及讨论研究成果。允许合理而有力的争论。将研究展示给学术专家，整个小组因而显著地提高了课程分数。

精力和动机

- 1999年成功完成了一个12人的对哥斯达黎加的远征。18个月的锻炼和筹资准备使我们登上了大奇里波山，并带来一个援助研究农场发展的社区项目。这个项目引发了一个极为需要的公寓区的建设和土地耕作。
- 为了培养领导力，在2000年复活节期间，完成了一个军队领导力课程。在一个排的任务中，计划、简要介绍和指挥常陆军士兵极大地提高了我的交流和解决问题的能力。此外，将这些技能带给军校学员，用于培训学校特遣队的新兵。

Michael Matthews
Hampstead Rd, London NW3
Tel:44(0)207 ××× ×××,
E-mail:mjam@invest.co.uk

Strong-minded 21-year-old leader with a competitive streak and the aspiration to succeed at the highest level. Currently studying for the MSc Investments.

2004-2005 The University of Birmingham, MSc Investments
2001-2004 BSc Econ(Hens) Banking and Finance, 2.1, University of Wales, Cardiff

Teamwork and Leadership

- As Captain of Cardiff Business School RFC, steered the team to winning the Cardiff University Rugby League. Displayed dedication and assumed responsibility for on-field and off-field activities to generate an enjoyable and successful attitude amongst the squad. Key responsibilities included organizing and directing weekly training sessions, communicating with sport facility managers, and providing advice to squad members to improve performance and achieve productive results.
- Undergraduate banking project on "the case for, and arguments against a free banking environment" produced in conjunction with three course members. Efficient time management allowed the group to meet on a weekly basis. At meetings tasks were delegated, for example specific academic areas to research, deadlines set and the findings discussed at each meeting. Allowed for the argument to be structured and powerful. Presented to academic staff and professionals with the result of the group significantly improving their degree result.

Energy and Motivation

- In 1999 successfully completed a 12-man expedition to Costa Rica. Eighteen months of fitness and fundraising preparation resulted in the ascent of Mount Chirripo and a community project assisting a research farm in its development. This project led to the construction of a much needed accommodation block and land cultivation.
- To develop leadership qualities completed an Army Leadership course during Easter 2000. Planning, briefing and commanding regular Army soldiers on a platoon mission greatly improved my communication and problem-solving

自信和决断力

- 在2003年4月，作为卡迪夫商业社团的主席，社团成员增加到450人，并获得了包括普华永道在内的各种企业的赞助。这培养了我在一个正式环境中与他人打交道以及简明表达自己想法的信心。
- 在地区竞争中，作为几个军队学员小组的领导者，关于“命令任务”的决定提高了在压力下迅速作出自信决策并将其贯穿始终直到完成的能力。通过独自应对每种情况并听取他人意见，制订和执行各种计划，产生了处理问题的结构化方法。

处理压力

- 成功组织卡迪夫商学院圣诞舞会并达到了门票销售目标以抵偿成本。使圣诞夜与以往不同增加了门票需求。销售目标实现了，并且所有参加者都很尽兴。此外，商学院和社团声誉也大大提高了。
- 在六年级时，我是一家年轻企业——Fusion公司的销售总监。该公司生产办公用品，销售量必须是现实的并且可以持续。当我们在斯多布瑞治附近的快乐山购物中心展出时，我们建立了针对教员、父母和其他公众的销售渠道和直接市场营销，这确保了销售兴旺。与财务部的沟通保证了整个业务运营处于预算之内。六个月的交易和一个考核提高了我对商业运营的知识，并且最终为公司股东创造了利润。

学生假期期间的工作经历

2004.6.28—2004.7.9　　Gateley Wareing，伯明翰

在各个部门的两周实习

2004.9.8—2004.9.12　　Ashurt，Frankfurt

与一个公司合伙人的一周工作经历

skills. Additionally these skills were taken back to the cadet force where they were implemented to train recruits of the school's contingent.

Confidence and Decisiveness

• During the Presidency of Cardiff Business Society in 2003 / 4 member numbers were increased to 450 and sponsorship obtained from various businesses, including Pricewaterhouse Coopers. This developed personal confidence to deal with others in a formal environment and also to present myself and my ideas concisely and confidently.

• As leader of several Army cadet teams in regional competitions, decisions on "command tasks" enhanced the ability to make a confident decision quickly under pressure and to implement it through to completion. Approaching each situation individually and listening to the thoughts of others, plans were developed and executed resulting in a structured approach to the preblems.

Handling Pressure

• Pressure to organize a successful Christmas Ball for Cardiff Business School and ensure ticket sales targets met in order to cover costs. Differentiating the evening from past events resulted in increased demand for tickets, targets met and an event enjoyed by all in attendance. Furthermore, the reputation of the Business School and the society was enhanced.

• In Sixth Form I was Sales Director of "Fusion", a Young Enterprise company. The firm produced office products and sales targets had to be realistic and adhered to. Construction of a sales channel and direct marketing, which targeted teaching staff, parents and the public when we exhibited at the Merry Hill Shopping Centre near Stourbridge, ensured sales thrived. Liaising with the Finance Department guaranteed that the business operated within budget. Six months of trading and an examination resulted in enhanced knowledge of how business works and ultimately a profit generated for its shareholders.

Work Experience during Student Holidays

28/06/2004-09/07/2004-Gateley Wareing,Birmingham

Two week internship spent across a variety of departments.

08/09/2004-12/09/2004-Ashurt,Frankfurt

One week's work experience with a corporate partner.

比尔·浮士德
215 West, Brighton BN7 6PD, UK
M: 44(0) ××× ××× H: 44(0)1273××× ×××
Email: bill@pitchyourself.co.uk

我把对生活的狂热融入我的工作当中。通过了解哪些问题需要解答，来找出解决办法。18年富于实践性和整体行销的理念，衍生到全球范围内广泛的产业领域，不论是广告还是出版。

简洁的信息表达

- 以合著书籍《应聘顶级公司》中的观念为基础，在全世界许多知名商学院向听众传达重要信息。我用自己的激情、信念和透彻的理解感染听众。曾获邀在全球前100名中的50所商学院进行演讲。（2005）
- 赢得了Fairfax这家澳大利亚顶级报业集团的新业务。当他们联系Bates广告机构时，设计并推销了一种战略，不论时区和地域的限制，都为其提供准确无误的信息流，使得Fairfax能够较以往更有效地售出更多的媒体空间。

理解待解决的问题

- 开发出Working Links（政府部门和私营部门合作模式）的新愿景声明，符合了所有股东的利益。通过理解迄今为止在核心就业市场大获成功的原因，向他们展示如何开发和拓展新市场。（2003）
- 为Orange’s Mobile Portal公司制作了一份战略文件，在一种移动设备接近完全渗透的市场环境下，强调了商业上的可行创收。理解该市场存在的问题，从主要驱动影响移动平台的使用，到收入模型。从客户和商业对采用新技术的观点，研究了所有的内容和服务。(2002)

商业感知力

- 首创并发展了一种商业战略，向Pet Protect宠物保险公司展示了6.94亿英镑的潜在宠物保险业务量，以488%的增长率显示出其可行性和可售性。（2000）
- 为News Ltd公司创造出一种战略性的商务理念，成功地进行了商业投

Bill Faust

215 West, Brighton BN7 6PD, UK
M: 44(0) ××× ×××H: 44(0)1273 ×× ×× ××
E-mail: bill@pitchyourself.co.uk

I bring my zest for life to my work. I find solutions by understanding the questions that need to be asked. 18 years of practical integrated marketing ideas across many industry sectors from advertising to telecommunications throughout the world.

Concise Message Delivery

- Convey critical message to audiences at many of world's leading business schools based on the ideas from coauthored book Pitch Yourself. I engage the audience with my passion, belief and thorough understanding. Invited to talk at 50 of the Top 100 global business schools. (2005)
- Won new business of Fairfax, Australia's leading newspaper group when they approached Bates Advertising Agency. Devised and pitched a strategy that provided a seamless flow of information regardless of location or time zones, which allowed Fairfax to sell more media space more effectively than before.

Understanding the Questions to Ask

- Developed Working Links' (a Government PPP)new vision statement in alignment with all their stakeholders. Demonstrated how they could develop and expand into new markets by understanding why they had been so successful to date in their core employment market. (2003)
- Produced a strategy document for Orange's Mobile Portal. highlighting commercially viable revenue generation in a marketplace that nears full penetration of mobile devices. Understood the market issues. from the key drivers influencing the use of the mobile platform to revenue models. Studied all the content and services from customer and commercial points of view to the adoption of new technology. (2002)

放。准备了富有竞争力的市场分析，并制作了一份商业计划书，涵盖了成本、人数统计、潜在收入增长以及完整详细的理念功能等所有方面。(2000)

提供创新解决方案

- 合著了《应聘顶级公司》一书：在畅销书前100名中排行67，商业畅销书中排行第四（数据来自amazon.co.uk）,阐述了一种向潜在雇主推销自己的新方法。丢掉传统简历规则手册，从头开始。向出版商Prentice Hall(Pearson)推销此书的理念，于2002年1月将其出版发行。现正进行第二版的编辑工作。《应聘顶级公司》畅销全球。（2001—2005）
- 在澳大利亚Bates广告公司期间（1999），通过为澳大利亚知名巧克力饼干Tim Tams开拓一种名为“病毒市场”的运动，优化了一小笔预算。获得了狂热的追捧和赞誉，并获得了Tim Tams爱好者的认同，产生出长盛不衰的公共关系。

职业履历

合著《应聘顶级公司》，特邀演讲嘉宾	2001年至今
营销主管：GE Capital公司GEIH部分	1999—2000 美国/英国
新媒体主管：Bates Dorland公司	1998—1999 澳大利亚
互动总监：CIA传媒集团	1997—1998 英国
IMP董事(SP机构前五名)	1996—1997 英国
国际营销董事：Yorkshire TV	1995—1996 英国
业务主管：U/C/M Ltd公司（新传媒机构）	1991—1995 英国
版权经理：巴黎Bayard Presse公司	1990—1991 法国
广告经理：Haymarket Publishing公司	1987—1990 英国

教育：商务研究：英国伯恩茅斯大学

语言：流利的商务法语

Commercial Awareness

- Initiated and developed a business strategy to demonstrate the potential pet insurance portfolio of Pet Protect to £694 million pa, an increase of 488% to show it was a viable and saleable concern. (2000)
- Generated a strategic business concept for News Ltd that led to a successful commercial launch. Prepared competitive market analysis and produced the business plan covering all aspects from costs, head count, potential revenue growth to the fully specified functionality of the concept. (2000)

Provider of Innovative Solutions

- Co-authored the book Pitch Yourself: no.67 on Top 100 Best Sellers and no.4 Business Best Seller (amazon.co.uk) a new way to sell yourself to potential employers. Threw away the traditional CV rulebook and started from the ground up. Pitched concept to the publisher Prentice Hall (Pearson) delivering the book January 2002. Now in its second edition. *Pitch Yourself* is sold worldwide. (2001-2005)
- At Bates Advertising Agency in Australia (1999) I optimized a small budget through a pioneering "Viral Marketing" campaign for Australia's leading chocolate biscuit Tim Tams. Achieved cult status and notoriety and endorsed by Tim Tams aficionados generating self-perpetuating PR.

Career History

Co-author of *Pitch Yourself* and Guest Speaker	2001-date
Marketing Director: GEIH part of GE Capital	1999 to 2000 USA / UK
New Media Director: Bates Dorland	1998 to 1999 Australia
Head of Interactive: CIA media group	1997 to 1998 UK
Director, IMP (top 5 SP agency)	1996 to 1997 UK
Director, International Marketing: Yorkshire TV	1995 to 1996 UK
Account Director: U/C/M Ltd (new media agency)	1991 to 1995 UK
Rights Manager: Bayard Presse Paris	1990 to 1991 France
Advertisement Manager: Haymarket Publishing	1987 to 1990 UK

Education: Business Studies: Bournemouth University, UK.

Languages: Fluent Business French.

安娜·莫利纳
10 Ocean Heights Drive, Brighton BN1 90T
Tel: 44(0)××× ××× ×××
Email: anamolina@somewhere.com

我的每一步都经过深思熟虑。12年来，我从事的都是以客户为中心的岗位，从零售行业到电视节目主持人，并向时装模特方向发展。

有效沟通与关注细节

- 在无线电视37频道联合主持了一个足球实况比赛节目，与演播室观众和热线观众互动。为了有效完成工作，我必须在严格的现场直播中保持冷静、礼貌和机智。
- 政府项目："英镑在西班牙"。我的职责是让人们熟悉英镑。在各种展览会和行业营销活动中向大众展示英镑的样子、使用以及与西班牙比塞塔相比的价值。民众认为本国货币会贬值，或是认为商店饭馆会在日常必需的货物或服务上涨价，所产生的各种常见问题我都一一克服。（2000）

自我激励与激励他人

- 为了申请成为一家国际航空公司的机组成员，我明白必须流利地掌握两种语言才有可能被考虑。2002年11月，我从西班牙来到英国学习英语，离开我的家人并放弃了工作晋升的机会。
- 有氧健身操教练：这项课程是一个效果显著的锻炼。课程十分有趣，并且价格合理。通过自己的热情、专业态度，以及通过获取学员的信任，我完成了这项课程。人们都乐意不断光顾。

团队合作

- 红十字会志愿者：阿利坎特海滩巡逻。团队成员共5名；无论何时都有一名成员在瞭望塔上，两名在巡逻船中，一名在沙滩巡逻，还有一名在红十字帐篷。每隔一小时我们便轮换岗位。我们是第一个处理急救和初步救治小问题的人，对严重问题，我们会边稳定情况，边等待相关的急救服务。

Ana Motina
10 Ocean Heights Drive. Brighton BN1 90T
Tel: 44(0)××× ××× ×××
E-mail: anamolina@somewhere.com

I carefully consider each step I take. Twelve years of customer-focused roles from the retail environment to TV presenter and promotion work to fashion model.

Effective Communications and Attention to Detait

- Co-presented a live football programme and competition on terrestrial TV, Channel 37, interacting with both the studio audience and genera pubtic on the phone-in. To do this effectively I had to remain calm. polite and witty all within the constraints of live TV.
- overnment project: "The Introduction of the Euro in Spain". My role was to make people feel comfortable with the Euro. At exhibitions and field marketing events showed public what the Euro looked like, how they could use it and its value compared to Pesetas. Overcame common issues from the belief their money was being devarued or that shops and restaurants would increase the prices of everyday essential goods and services. (2000)

Self-motivation and Motivating Others

- To apply for work as cabin crew with an international airline I knew I had to speak at east two languages fluently just to be considered. In November 2002 I came to England from Spain leaving my family and my career in promotions to learn English.
- Aerobics Instructor: The class was an effective exercise programme. It had to be fun and the best on often. I achieved this through my enthusiasm. professional attitude and by gaining their trust: people wanted to come back again and again.

Team Player

- Red Cross Volunteer: Alicante Beach Patrol. There was a team of five; at

• 作为模特，我成为一个有组织的大型团队中的一员。为保证演出的成功，所有的设计师、发型师、化妆师、场景设计师和模特都必须在其各自的领域非常专业。我们都工作在巨大的压力和紧张的时限中。我们也理解每一位成员加入的重要性，都是为了确保演出能够按时顺利举行。没有他们的专业知识、帮助合作，我也许就不能完成自己的工作部分，反之亦然。（1994—2002）

客户关系与客户关怀

• 参与到家族饭店Casa Molina的许多方面，在以往的6年中在各方面满足客户的需求，包括桌前服务、菜单推荐、后厨工作以及处理员工问题和要求。（1998年至今）
• 在环西班牙自行车大赛期间，作为客户接待团队的一员，关照客户，向他们展示所有的幕后活动和比赛的各个方面。

组织灵敏性

• 在环西班牙自行车大赛期间，确保所有20个终点展览会场的正确建成、供应品准备就绪、标识就位、VIP客户酒店预订以及即时赛况。（2003.9）
• 为马德里举行的西班牙天然气大会所有与会顶级公司编排并确认VIP客户名单。通过互相帮助，在紧迫的时限内完成了工作。我们通过电话、email和信函确认客户是否出席，确保了活动的成功举行。（2001.9—2001.11）

职业履历

布莱顿学院担任招待员和客服助理	2004年至今
布莱顿学院学习英语	2002—2004
促销工作及模特	1994—2002

自1998年来，连续参与过雅特、沃尔沃、爱立信移动、西班牙政府（英镑活动）、红牛摄影模特、Casa Molina饭店（家族企业）等活动和工作。

红十字会志愿者：沙滩巡逻	1996年
电视主持人	1995—1997

all times there was one member in the watchtower. two in the patrol boat, one on beach patrol and one in the Red Cross tent. Each hour we rotated positions. We were the first people to get to the incidents and administered first aid for minor problems and stabilized more serious ones whilst waiting for the relevant emergency services.

- As a model I was part of a large organized team. To ensure the show's success everyone from the designers. hairdressers. makeup artists. to set designers and models had to be experts in their fields. We all worked under pressure and tight deadlines. We understood the importance of each person's input to ensure the show ran smoothly and on time. I could not have done my part without their expertise. help and co-operation as well as vice versa. (1994-2002)

Customer Relationships and Customer Care

- Involved in most aspects of my family's restaurant, Casa Molina, for the last six years from satisfying our customers' needs to waiting on tables. menu suggestions to kitchen work and taking care of staffing issues and requirements. (1998-present)
- Looked after guests, showing them all the behind the scenes action and all aspects of the race as a member of the client hospitality team for Astra Cycle Tour of Spain.

Organizational Agility

- Ensured the exhibition venue was correctly set up, stock was available, correct signage was in place, hotels booked for VIP guests and up-to-date tour information was available at each of the 20 destinations for the Astra Cycle Tour of Spain. (Sept 2003)
- Organized and confirmed the VIP guest List of top company directors for the Spanish Natural Gas Congress in Madrid. With the help of one other person worked to a tight timeline. We confirmed guest attendance via phone, e-mail and letter. 200 key guests attended, which ensured the event's success. (Sept-Nov 2001)

教育

高中

语言

西班牙语（母语），英语（流利）

Career History

Waitress & Care Assistant at Brighton College 2004 to present

Studying English in Brighton 2002 to 2004

Promotions Work and Model 1994-2002

Astra, Volvo, Ericcson Mobile, Spanish Government (the Euro), Red Bull

Photographic model

Casa Molina Restaurant (owned by my family) continuous involvement since 1998

Red Cross Volunteem: Beach Patrol 1996

TV Co-presenter 1995-1997

Education

Bachillerato.

Languages

Spanish (mother tongue), English (fluent).

约翰·鲍德温：高级机械工程师

2 Doughton Rd, Gloucestershire, GL21 6PW
Mob: 44(0) ×××× ××××, Home: 44(0) ×××× ××××
Email: john@oilfield.com

智慧的风险承担人。创造性解决方案的方向引领者，乐于融入各种环境并很快适应。在国际石油产业里的数百万美元机械工程项目中拥有31年的领导经验。

分析性沟通

- 我的工程背景赋予我分析的本能。作为总经理兼副董事长，我每周都举行生产会议，并且成功地分析了企业扩建计划的分化时期，保持交付日程正常的重要路径流程。
- 参与重大招标写作，并对主要大客户进行个人演讲，利用交流技巧极大地提高了投标份额内容。在维持所有现客户的同时，在两年内成功赢得了4个新客户及营业区域。

打破常规，亲力亲为

- 国内外企业8年的行业服务管理经验，赋予我良好的实践能力。
- GM Kvaerner油田产品——中东。在伊朗鼓动并建立了一种制造合作关系的独特合资公司，致使打入市场为期四年，产生了500万美元的销售收入。这种势头还在继续发展和成长。这是一个非常“打破常规”的战略，最初并不被一些人看好。

有支持性和亲和力的管理风格

- 管理了12名来自三个中东国家的侨民员工，他们中的多数人都有家人伴随。负责在各方面公司政策的公平执行，如住房、本地优惠、教育、汽车、探亲假等，需要一种平等而合理的方法公平对待每一个人。70年代末生活条件正试图也需要一种富有支持性和亲和力的管理风格。
- 2005年加入Vetco，以加强其管理能力，并赢得战略性关键客户。鉴于我深入的理解、对油田设备市场的经验以及客户管理风格，为Vetco在其客户群体中提升了知名度。为客户带来信心和安心，为我们赢得了几

John Baldwin: Senior Mechanical Engineer

2 Doughton Rd, Gloucestershire, GL21 6PW

Mob: 44 (0) ×××× ××××, Home: 44 (0) ×××× ××××

E-mail: john@oilfield.com

Intelligent risk taker. Direction setter of inventive solutions with the willingness to absorb situations and get on with it. Thirty-one years leadership of $ multimillion mechanical engineering projects in the international oil industry.

Analytical communication

- My engineering background gives me an analytical nature. As GM and VP, I chaired weekly production meetings and successfully analyzed critical path processes to keep delivery schedules on track through the disruptive period of a plant expansion program.
- Participation in major tender authorship together with personal presentations to key account clients using communication skills dramatically improved bid package content and contributed to four new accounts and territory successes in a two-year period while maintaining all existing accounts.

Hands-on outside the box

- Eight years in Field Service Management in international offshore and onshore operations have given me a sound hands-on industry competency.
- GM Kvaerner Oilfield Products - Middle East. Instigated and set up a unique JV manufacturing partnership in Iran, resulting in a market entry over a four-year period, generating sales revenue of $5m. This continues to develop and grow. This was very much an "outside the box" strategy not initially considered workable by some.

Supportive and approachable management style

- I managed 12 expatriate employees in three Middle Eastern countries, most of whom were family accompanied. I had responsibility for the equitable administration of company policy in areas such as housing, local benefits,

百万美元的投资预算。

横向调动的灵活性

- 接受横向调动的含义，将其视为一种工作发展机遇，以及从无到有描绘出一套整体销售和营销形态的一种机会。由此产生出两年内超过500万美元的年销售额，并且人数增加了三倍，还建立了一个额外的地区部门。
- 我是一个全面的人，表现出一种灵活性，让我在三家跨国公司得到10次任命（其中6次是国际合作），出任10种高级职位，要求与同事客户之间具备一种商务和休闲的牢固结合。自始至终，支持我的妻子和家人都一直巧妙地鼓励我。

职业履历

Vetco

客户经理——伦敦区域 2005年至今

全球最大的油田设备工具制造商之一

Kvaerner Oilfield Products 1996—2005

EAMA区域销售经理，伦敦总部

中东董事总经理，总部迪拜

亚太董事总经理兼副董事长，总部新加坡

FMC Corporation UK Ltd 1979—1995

欧洲北非区域销售经理，大客户经理，总部伦敦

EAME区域销售经理，总部法国

大客户经理，总部伦敦

澳大拉西亚区域销售经理，总部墨尔本

McEvoy Oilfield Equipment Ltd 1973—1979

高级销售工程师，总部新加坡

销售及服务经理，总部苏格兰

Peglar Hattersley and Newman Hender Ltd. 1966—1973

schooling, vehicles, home leaves etc., requiring a fair and reasonable approach with even-handed treatment for all. Living conditions in the late 70s were trying and required a supportive and approachable management style.

- Joined Vetco in 2005 to increase their ability to manage and win strategic key accounts. Heightened visibility of Vetco to their customer base through my in-depth knowledge, experience of the oilfield equipment market and account management style. Giving customers the confidence and reassurance to invest their $multi-million dollar budgets with US.

Lateral move flexibility

- Accepted a lateral move as a career development opportunity and a chance to develop from scratch a complete Sales and Marketing presence where none had existed. This resulted in sales exceeding $5m/annum within two years and a threefold increase in headcount plus an additional district office setup.
- I am a well-rounded individual having demonstrated a flexibility that has progressed me through 10 senior positions, in 10 postings (six international) with three multinational companies that have required a solid mix of business and pleasure with colleagues and clients. Throughout, a supportive wife and family have ably encouraged me.

Career History

Vetco 2005 to present

Account Manager - based London

One of the world's largest manufacturers of oilfield equipment and tools

Kvaemer Oilfield Products 1996 to 2005

Regional Sales Manager Europe, Africa and Middle East, based Head Office London

General Manager Middle East - based Dubai

General Manager & Vice President Asia Pacific, based Singapore

FMC Corporation UK Ltd 1979 to 1995

Area Sales Manager Europe & North Africa, Key Account Manager, based London

Regional Sales Manager, Europe, Africa and Middle East, based France

语言

英语，流利的商务法语

Key Account Manager, based London

Regional Sales Manager Australasia, based Melbourne

McEvoy Oilfield Equipment Ltd 1973 to 1979

Senior Sales Engineer, based Singapore

Sales and Service Manager, based Scotland

Peglar Hattersley and Newman Hender Ltd 1966 to 1973

Languages

English, fluent Business French

阿尔伯特（伯特）·泽维尔斯
Gastelseweg 10-f
2389 RS The Hague, The Netherlands
Mobile:+31(0) ××× ×××, Home:+31(0) ××× ×× ×× ××
Email: bertzwiers@home.nl

真实可靠而又富有感染力的商业领导，通过挖掘人才获得了卓著成果。任职董事总经理的5年中，积累了全面的国际经验。

表现突出（出众的表现、良好的素质和创新精神）

- 计划两年内使Flender Bruinhof公司的总利润增长30%；分析市场、辨别国际扩张的时机；在国际服务活动中收入翻了两番；总利润实际增长了40%。（2004.7）
- 计划在两个商务年间企业经费降低20%；设计并打造了一种精干的组织结构，并增强了商业进度；总利润增长40%，且经费降低20%，两者使公司收益增长了一倍。（2004.7）

战略性和分析性思考（能够看清趋势和格局，并总结出方向）

- 抓住机会进入了高端互补市场；与Schelde Gears公司建立了一种战略联系，以进入海军防御产业；丰富了Flender公司产品组合，并发起Flender的研发活动。（2004.8）
- 被任命削减10%的Flender Bruihof销售成本；抓住机遇并购了3家国有销售公司；制定了全面的并购提案，并计划年度净结余超过100万英镑。（2003.5）

团队领导者（已证实有能力管理好跨文化团队）

- 由Smit任命实现与库页岛能源公司的长期海洋公约；在库页岛和新加坡开发出国际项目组织；挑选、培训、任命多国籍团队成员；完全达到客户要求。（1999.4）
- 被壳牌公司任命打造一个高效的美国东海岸海洋应急反应组织；建立、培训以及训练，使一支区域反应小组准备就绪；作为现场团队领导人，曾有效地对两起真实的泄漏污染作出反应。（1994.5）

Albertus (Bert) Zwiers
Gastelseweg 10-f
2389 RS The Hague, The Netherlands
Mobile: +31 (0) ××× ×××, Home: +31 (0) ××××× ×× ××
E-mail: bertzwiers@home.nl

Authentic and inspiring business leader, delivers prominent results by bringing out the best in his people. Managing Director of five years with comprehensive international experience.

Outperformer (delivers outstanding performance, superior quality and innovation)

- Targeted to grow Flender Bruinhof's gross margin by 30% in 2 years; analyzed market, identified opportunity for international expansion; doubled revenue from international service activities; increased gross margin by 40%. (July 2004)
- Planned 20% lower overhead in 2 business years; designed and implemented a lean organizational structure and enhanced business processes; a 40% higher gross margin and a 20% lower overhead doubled operational profits. (July 2004)

Strategic and analytical thinker (able to spot trends and patterns and synthesize direction)

- Identified opportunity to access a high-end complementary market; built a strategic alliance with Schelde Gears to gain access to the naval defence industry; diversified Flender's product portfolio and jump-started Flender's R&D activities. (August 2004)
- Tasked to reduce cost of sales by 10% at Flender Bruinhof; identified opportunity to merge 3 national sales companies; developed full-scale merger proposal with planned net savings in excess of 1 million Euro per annum. (May 2003)

外交家和沟通人员（已证实有能力巩固成功的关系）

- 在Flender期间，从环境官方机构获准拥有一个相当良好的商务环境。
- 与同事、客户以及其他股东交流时表现自然。
- 被任命为Lloyd’s Register公司开发新市场；调查了目标公司，并掌握了他们的需求，开发出定制产品；与决策者沟通；利用先发优势，依目标获得了市场的90%。（1997.8）

创新者与促变者

- 抓住壳牌和美孚石油产品在美国东北部的分销网络里的协作机会；首创一种创新型合资企业；每年削减壳牌公司的直接分销成本超过500万美元。（1995.4）
- 计划在两年内提高Flender公司齿轮性能的50%；考察商业程序；设计并完成了一种创新型重组项目；齿轮性能提高超过90%。（2004.7）

职业

1999—2004 鹿特丹A.Friedr.Flender AG(Bruinhof B.V.)公司任董事总经理

1997—1999 新加坡Smit International公司任船队主管

1995—1997 鹿特丹Lloyd’s Register公司任商务部经理

1993—1995 休斯顿壳牌石油公司海务监督

1991—1993 Manager Regional Response at Shell Oil Company in Houston

1989—1991 伦敦壳牌国际海务公司船只评估员

1974—1989 鹿特丹壳牌油轮公司海运管理

资质

2005 鹿特丹管理学院 工商管理 高等管理硕士学位

1996 品质保证学会 ISO9000/14000 首席审核员

1991 船务经纪专业学会 船务经纪

1986 船长合格证明（远洋船舶一级）

1979 轮机工程师合格证明（蒸汽及马达三级）

社团服务

吉伦教授基金会主席，管辖七所小学

彼得黄家标准大航海教育信托基金财务主管

AHOY鹿特丹航海展览咨询委员会成员

Team Leader (proven ability to manage well across culturally diverse teams)

- Assigned by Smit to realize long-term marine charters for Sakhalin Energy; developed international project organization on Sakhalin and in Singapore; selected, trained and assigned multinational teams; met Client's specifications in full. (April 1999)
- Tasked at Shell to build an effective US East Coast marine spill response organization; built, trained and exercised readiness of a regional response team; responded effectively to 2 actual spills as on-site team leader; handled press communications. (May 1994)

Ambassador and Networker (proven ability to cement fruitful relationships)

- Natural authority allowed for an explicitly good business environment at Flender.
- Natural skill when communicating with staff, clients and other stakeholders.
- Assigned to develop a new market for Lloyd's Register; researched targeted companies and identified their needs, developed niche product; networked with decision makers; captured 90% of the market as targeted using first-mover advantage. (August 1997)

Innovator and Change Agent

- Identified synergy-based opportunity in Shell's and Mobil's oil product distribution networks in the US Northeast; initiated an innovative joint venture; reduced Shell's direct distribution costs with more than US$5 million per annum. (April 1995)
- Planned to improve Flender's gear delivery performance by 50% in 2 years; researched business processes; designed and delivered an innovative restructuring project; gear delivery performance improved to over 90%. (July 2004)

Career

1999 - 2004 Managing Director at A. Friedr. Flender AG (Bruinhof B.V.) in

个人信息

生于1955年6月18日，荷兰人，已婚，有一女。

	Rotterdam
1997 - 1999	Fleet Director at Smit International in Singapore
1995 - 1997	Manager Business Development at Lloyd's Register in Rotterdam
1993 - 1995	Marine Superintendent at Shell Oil Company in Houston
1991 - 1993	Manager Regional Response at Shell Oil Company in Houston
1989 - 1991	Ship Assessor at Shell International Marine in London
1974 - 1989	Maritime Officer at Shell Tankers in Rotterdam

Qualifications

2005	Executive Master of Business Administration, Rotterdam School of Management
1996	Lead Auditor ISO 9000/14000, Institute of Quality Assurance
1991	Chartered Shipbroker, Institute of Chartered Shipbrokers
1986	Certificate of Competency as Master Mariner (Class 1 Foreign Going)
1979	Certificate of Competency as Marine Engineer (Class 3 Steam & Motor)

Service to the Community

Chairman of the Professor Gielen Foundation, managing seven primary schools
Treasurer of the Royal Standard of Peter the Great Maritime Education Trust
Member of the Advisory Board of the AHOY Rotterdam Maritime exhibition

Personal Details

Date of birth 18 June 1955, Dutch nationality, married, one daughter

肯·利文斯通：伦敦市长

管理伦敦市是我梦想的工作。我100%投入改善每个伦敦市民生活水平中。我身先士卒，对每一件事都要刨根究底。我是为撑起伦敦人民的政府而准备的。16年来，不仅是英国国会工党的一名议员，还身为伦敦市的市长。

获得忠诚，建立工作关系

我给出承诺。即使我可能会改变想法，我也绝不会收回承诺。我努力争取一致的意见，并据此采取行动。耗资70亿英镑的交叉铁路“Heathrow至Docklands”项目表明了我完全致力于在私立和公立部门（中央政府、城市和地方议会）间建立成功的合作关系。

长远的思考

首都的交通政策不可能一夜之间修正。为了成功解决首都的交通问题，我需要行使大小不一、方式方法各异的连锁政策，这是5到15年之间主要的计划。

招贤纳士

我不畏惧任用大人物。唯一重要的问题是获得最佳人选应对挑战，并且在岗位上发挥出全部潜力。伦敦地下铁就是个典型例子。我的辉煌成就之一就是得到了鲍勃·基利，这位改良了纽约地铁的城市交通天才，现在加入了我的团队。

迅速决策

我当选是为了做出些改变。我曾作出一个承诺，就是减轻首都的交通拥堵，而对进入首都的车辆收取拥堵费用就是解决方法。我对此深信不疑，并且相信对伦敦来说这是最好的方法。政府各部长敦促我将该决议推迟到下届市长选举之后。但我仍继续前进，并守住了自己的承诺，因为我相信伦敦人有权在他们下一次选举之前看到这个决议的效果。

KEN LIVINGSTONE: MAYOR OF LONDON

Running the City of London is my dream job. I am 100% committed to improving the life of each and every Londoner. I lead from the front, getting to the root of each issue. I am prepared to stand up to big government for the people of London. 16 years as both a Member of the UK Parliament for the Labour Party and the Mayor for London.

Gaining Loyalty and Building Working Relationships

I give my commitment. I never withdraw it even if I might like to change my mind. I strive to gain a consensus of opinion and act accordingly. The £7 billion Cross Rail "Heathrow to Docklands" project demonstrates my total commitment to building successful working relationships across the private and public sectors (central government, city and local councils).

Long-Range Thinking

Transport policies for the capital are not overnight fixes. To successfully solve the capital's transport issues I need to exercise interlocking policies that vary in size, manner and approach from 5 to 15 years for the major schemes.

Employing Giants

I am not afraid to employ giants. The only important issue is to get the very best person to take on the challenge and fulfil the rote to its full potential The London Underground is a classic example. One of my proudest achievements was getting Bob Kiley, a giant in urban transport who reformed the New York subway, to join my team.

Quick Decision Making

I was elected to make a difference. I made a promise to ease the congestion in the capital and congestion charges for traffic entering the capital are the answer. I believe in it and believe it is best for London. Government ministers urged me to delay this decision unlit after the next mayoral election. I went

战略家

拿破仑说“如果将军们不够幸运”就解雇他们。你需要幸运，也需要战略。当我第一次作为独立候选人参加伦敦市长选举时，10周以来我的五位重要顾问中的四个都说我会失败，因为记者会破坏我的形象。然而，记者们在10周中的前9周都在关注我工党的对手弗兰克·多布森。只有最后一周才将他们的注意力集中在我身上。是幸运还是战略？正确的战略会产生好运气。

于2004年6月再次当选为伦敦市长。

处理冲突

找出真正的问题或积怨，并作出处理。不能拖延。找出共同点。指出什么是不可能的。剩下那些可能的，你就可以直接切入。

职业履历

当选伦敦市长	2000年至今
Brent East选区的工党下院议员	1987—2000
当选大伦敦市议会主席	1981—1986
当选大伦敦市议会工党成员	1973—1981
卡姆登议会成员	1978—1982
蓝贝斯市议会工党成员	1971—1978
技术专家：Chester Beatty Cancer 研究学院	1963—1971

著作

如果投票能改变一切，就会被人们废除（Collins出版社，1987）

利文斯通的工党（Unwin Hyman出版社，1989）

ahead and kept my promise because I believe Londoners had a right to see if it worked before they voted again in the mayoral election.

Tactician

Napoleon said he sacked generals "if they were not lucky". You need tuck and you need tactics. When I first stood in the London mayoral election as an independent, 10 weeks out, four of my five key advisors said I would lose as the press would destroy me. However, the press concentrated on my Labour opposition Frank Dobson for the first 9 of the 10 weeks. Only in the last week did the press turn their attention on me. Luck or tactics? The right tactics generate luck.

Re-elected Mayor of London in June 2004.

Dealing with Conflict

Find out the real issue or grievance and solve it. Do not drag it out. Find the common ground. State what is impossible. You are left with what is possible and you get straight to the point.

Career History

Elected Mayor of London	2000 to present
Labour MP for Brent East	1987 to 2000
Elected Leader of the GLC	1981 to 1986
Elected Labour member of the GLC	1973 to 1981
Member of Camden Council	1978 to 1982
Labour Member of Lambeth Council	1971 to 1978
Technician: Chester Beatty Cancer Research Institute	1963 to 1971

Author of:

If Voting Changed Anything They'd Abolish It (Collins, 1987)

Livingstone's Labour (Unwin Hyman, 1989)

马克·斯卡夫梅克
商业航空公司飞行员（波音737/747）
Jupiter Laan 64, 1644XS Haarlem, NL
Tel: 23(0)429××××,
Email:marc@skyport.nl

我不断地提高自己的能力，来应对瞬息万变的复杂环境，同时又将信息传递给周围的人。我打造出安全程序和人员管理方面的坚实基础。7年前成为飞行员之前，在这个行业中我已经作为合格的土木工程师工作了6年。

为“全球最受喜爱航线”英国航空公司工作期间，我每天都会用到的能力有：

领导才能

在日常操纵管理中，飞行员必须显示出领导能力以及商业头脑，提供安全高效的服务。决策能力是建立在现有信息、经验和直觉上的。我扮演了一个领导的角色，并在解决问题时寻求讨论的程序。由此我建立了经验和信心，在操纵方面提出了许多适当的建议。

处境意识和侧面思考

为周围的人树立精神榜样是相当重要的。不断监控飞机的系统，保持空间意识，并经常与所有机组人员保持联系，这些都增加了我处理任何突发事件的能力。

组织能力和灵活性

有效地组织规划自己的任务也是至关重要的，可以减少工作量，同时提高自身能力。我沉着冷静，深谋远虑，可以同时安排进行多项任务，并保持准确性。通过计划行动、理性工作和前瞻思考获得成功。此外，我还能够为机组成员提供更多的帮助，保持服务的平稳进行。

MARC SCHAVEMAKER:
Commercial Airline Pilot (Boeing 737/747)
Jupiter Laan 64, 1644XS Haarlem, NL
Tel: 23 (0) 429 ××××,
E-mail: marc@skyport.nl

I continually increase my ability to deal with the fast-moving complex situations, whilst inspiring confidence in others around me. I have developed a solid foundation in safety procedures and people management. I worked in industry for 6 years as a chartered civil engineer prior to becoming an airline pilot 7 years ago.
The competencies I use on a daily basis whilst flying for the "World's Favourite Airline" British Airways are:

Ability to Lead
An airline pilot must show leadership and commercial awareness in the management of the day-to-day operation, providing a safe efficient service. The ability to make decisions is based on available information, experience and intuition. I take a leading role and seek to discuss steps I would take in resolving situations. This results in the building of experience and confidence, providing a greater number of appropriate suggestions on operational issues.

Situational Awareness and Lateral Thinking
It is essential to build a mental model of your surroundings. Continual monitoring of the aircraft systems, maintaining spatial awareness and constant liaison with all the crew increases my capacity to deal with any event that may occur.

Organizational Ability and Agility
It is essential to organize my tasks effectively to reduce my workload and increase my capacity. I have the presence of mind and forethought to prioritize and carry out multiple tasks simultaneously whilst maintaining accuracy. Achieved by planning actions, working logically and thinking ahead. I am then of greater assistance to my crew and can maintain smooth operation of the service.

有效沟通

简洁的信息表达和接收是必要的。成功的飞行在起飞和降落时都必须运用有效的简讯传递技术。我具有平易近人的行事风格，并且按照《标准作业流程》执行任务，同时以一种开放合作的方式联合所有机组人员，从而减少了内在的风险，并分享了知识经验。

技术性和实践性倾向

对飞机具有基本的了解。我明白并乐于了解最新的飞机系统并掌握其特征。在情况允许时，我会尽可能地掌握飞机。我时常学习跟进所有的相关资料，确保自己掌握全面的最新飞机技术数据。这增长了我对飞机性能的信心，使我能够更好地应对各种可能性。

推动良好团队合作能力

为维持一种良好的整体环境，创造一个高效和谐的团队，使用“机组人力管理”建立一种开放而有效的工作环境是很重要的。这样能够最大化全体机组成员的效率。我必须找出他人的长处，通过咨询和委派，将其变为自己的长处，从而扩展了我们的技术基础。成果就是减少了所有机组成员的工作量，并且提高了安全和效率上的实力。

职业履历

英国航空公司	1998年至今
747飞机	2003年至今
737飞机	1998年至今
NRA&Environment Agency	1991—1998

教育

土木工程学位

Effective Communications

The need to convey and receive information succinctly is a must. Effective briefing techniques are imperative for a successful flight from the ground up (and down again). I have an approachable style and carry out my tasks in accordance with the Standard Operating Procedures whilst liaising with all my fellow crew in an open and co-operative manner, resulting in a reduction of inherent risk and shared knowledge.

Technical and Practical Aptitude

I must be fundamentally familiar with the aircraft. I have an awareness and willingness to keep up to date with the aircraft systems and handling characteristics. When situations allow, I make the most of handling the aircraft. I study regularly to keep abreast of all relevant material ensuring I am up to date with all aspects of the aircraft's technical data. This increases my confidence of the aircraft's capabilities allowing me to be better prepared for all scenarios.

Ability to Promote Good Teamwork

To maintain a good overall situational awareness and create an effective harmonious team, it is important to create an open and efficient working environment utilizing "Crew Resource Management". This maximizes the effectiveness of the whole crew. I must recognize the skills of others and complement them to my own through consultation and delegation furthering our skill base. The result is to reduce the workload of all crew members providing an increased capacity to focus on safety and efficiency.

Career History

British Airways	1998 to present
Flying 747	2003 to present
Flying 737	1998 to 2003
NRA & Environment Agency	1991 to 1998

Education

Civil Engineering Degree

路易丝·梅德丽：销售专家

The Stables Lock, Yaynings, UK.
Tel: 44(0)1592××× ×××,
Email: lou@freestyle.com

清晰思路和常识做法在我14年的销售职业生涯中至关重要，使我去年交付了超过150英镑的销售额。

- “从我做起，工作主动。”经理年度总结（IBP）
- “露易丝是个可以依赖的人，是团队里的骨干成员，并且工作十分努力。”经理年度表现总结（BSS）

销售谈判

- 2005年达到并超出了150万英镑的销售目标。使承包商、工程师和分销商相信IBP的优势，即价格低廉、产品充足，并有限定的价格谈判余地。
- 在BSS（英国）公司期间，没有降低单笔利润的情况下，销售总量增长了20%。经过市场调查增强客户关系，在无价格影响的领域抓住谈判机会，如支付方法和交货速度。

建立关系/合作

- 在一条复杂的销售链中，全面理解并达到指定人、使用人和分销商的各种需要，使IBP销售额达到150万英镑。
- 建造了稳固的回头客基础，并制造了200万英镑的个人销售营业额。在信任和优质服务的基础上发展长期关系。最重要的是跟紧本地活动和未来拟议项目。不断地评估和服务公司及其客户是必不可少的（BSS，1998—2002）

客户关怀

- 在指定人、使用人和分销商销售链中介绍新产品。更新各行业知识，以达到为我们的客户提供所需的产品。
- 在英国BSS公司期间，开发定制的销售解决方案，使我能够超出销售目标的20%。量身制作特殊销售计划，倾听、理解他们的需要，以及随

LOUISE MEDLEY: Sales Professional

The Stables Lock, Yaynings, UK.

Tel: 44 (0) 1592 ××× ×××,

Email: lou@freestyle.com

A clear thinking and a common sense approach has been vital in my 14-year sales career and allowed me to deliver over £1.5 million of sales last year.

- "Self starter and works well on her own initiative." Manager's Annual Review (IBP)
- "Louise is dependable and a key member of the team and very hardworking." Manager's Yearly Review of Performance (BSS)

Sales Negotiation

- Reached and exceeded sales target of £1.5 million in 2005. Convinced contractors, engineers, and distributors of the benefits of IBP as a supplier of low-price, high-volume products with limited room for price negotiations.
- At BSS (UK) Ltd increased sales volume by 20% without decreasing the profit margins on each sale. Strengthened customer relations after market research identified negotiation opportunities in non-price sensitive areas from payment terms to speed of delivery.

Relationship/Partnership Building

- Comprehensively understood and met the needs of specifiers, users and distributors across a complex sales chain, resulting in £1.5 million sales at IBP.
- Produced solid customer base that returned, time after time, and generated a personal sales turnover of £2 million. Developed long-term relationships based on trust and quality of service. Key importance was to keep up to date with local events and future proposed projects. Continual assessment and servicing of the companies and their contractors was a must. (BSS 1998 to 2001)

Customer Care

- Introduced range of new products across specifier, user and distributor sales chain. Kept abreast of breaking industry knowledge in order to provide our customers with the products they need.

时就位，从发货到售后各方面满足客户的需求。增加了他们对BSS的信心，获得了进一步销售的需求。

看清趋势与形态

- 创造出高效的销售环境，使我能够在IBP和BSS两家公司都超出了销售目标（1991—2005）。为发掘市场走势并预计下一个增长领域，通过所有的销售信息、外部市场因素和报告进行详细审查。即时对分析采取行动，为客户群按时按价提供正确的产品。
- 建立了Freestyle Frenzie这家生意兴隆的舞蹈社团，白手起家并在2001年第一季度将继续营业的社团卖出。在1998年确定了时机，经过三年完成了目标客流量，达到了顾客的期望，建造了场地和促销计划，并监控了盈亏。

职业履历

Vent-Axia: 住宅方向销售总监 2006年至今

通风系统制造商，占有英国65%的市场份额。

IBP Conex: **标准经理** 2001—2005

领跑市场的铜配件制造商，产品用于本国商业和工业领域。

职务：通过标准和承包方出售增加IBP在西海岸区域的销售额，在国内商务人士网络提高其股票的覆盖率。

职责包括：

客户和竞争对手信息的市场调查

客户关系管理

日常客户服务，确保网络良好

监控和更新项目追踪系统

编写销售和促销著作

在PHEX、DHPTE和Channel Island等展览中推广IBP

在大学中对IBP产品进行演讲和培训

向贸易记者、承包方、顾问和当地政府人员做展示

BSS (UK) Ltd: **销售代表** 1991—2001

主要分销商，最大的英国渠道与处理设备公司——年营业额4.16亿英镑。

- Developed bespoke sales solutions that enabled me to exceed sales target by 20% at BSS (UK) Ltd. Tailored specific sales plans to fulfil customer requests from delivery to aftercare service through listening, understanding their needs and by being available. Increased their confidence in BSS to supply exact requirements resulting in further sales.

Ability to Spot Patterns and Trends

- Produced efficient sales environments enabling me to exceed sales targets at both IBP and BSS (1991 to 2005). Detailed scrutiny to discover the market movements and predict the next growth area was carried out for all sales information, external market factors and reports. Acted instantly on the analysis, giving customer base the right product on time and at the right price.
- Built Freestyle Frenzie, a thriving dance community, from scratch and sold it as a going concern in the first quarter of 2001. Identified opportunity in 1998 and over 3 years achieved target levels of foot fall, met expectations of guests, created venue and promotional plans and monitored P&L.

Career History

Vent-Axia: Residential Sales Executive from 2006

Manufacturers of ventilation systems with 65% of the UK market.

IBP Conex: Specification Manager 2001 to 2005

Market leading manufacturer of copper fittings, for domestic, commercial and industrial use.

Role: Increase IBP sales in the South Coast area through specification and contractor selling and to improve coverage of stocks through the domestic and commercial merchant networks.

Duties included:

Market Research of both customer and competitor information

Client Relationship Management

Regular customer servicing to ensure excellent network

Monitoring and updating project tracking system

Production of sales and promotional literature

担任过4个重要的支持和销售职位，并获得三次晋升。

职务：在新老客户中推广BSS，其产品和服务，经常与区域销售经理一起回顾市场和产品。

职责：

出售解决方案

出售产品

合约条款的协商

客户和竞争者信息的市场调查

客户关系管理

监控和更新项目追踪系统

行政管理

远程管理第三方供应商

Freestyle Frenzie：在1998年至2001年间成立并售出

一家专业从事现代摇摆舞和辣身舞的舞蹈公司

教育

函授大学——人文学科学位 2003年2月至今

目前正在学习。已完成6年课程中的两年。

商务及财经专业教育委员会国家证书 1994.9—1996.6

通过参加布莱顿技术学院的夜校获得资质

个人信息

已婚，有一女。喜爱网球、舞蹈和游泳。

Promoting IBP at PHEX, DHPTE and Channel Island exhibitions

Presentation and training on IBP products at universities

Demonstrations to trade press, contractors, consultants and local authorities

BSS (UK) Ltd: Sales Representative 1991 to 2001

Leading distributor and largest UK pipeline and process equipment company-annual turnover £416 million.

Held four key support and sales positions and was promoted three times.

Role: Promote BSS, its products and services to existing and new customers continually review markets and products in conjunction with Regional Sales Manager.

Duties included:

Solution selling

Product sales

Negotiation of terms

Market research of both customer and competitor information

Client Relationship Management

Monitoring and updating project tracking system

Administration

Remotely manage third party suppliers

Freestyle Frenzie: Set up and sold 1998 to 2001

Dance Company specialized in modern jive and dirty dancing

Education

Open University - Degree in Humanities **Feb 2003 - present**

Currently studying. Completed 2 years of a 6-year course.

BTEC National Certificate in Business & Finance **Sept 1994- June 1996**

Qualification obtained by attending Brighton College of Technology in the evenings.

Personal

Married with one daughter. Enjoy playing tennis, dancing and swimming.

劳拉·尼尔逊
Helicopter House, Merryfield, Nr Taunton, Somerset
Tel: 01884××× ×××,
Email: Laura@elsewhere.cn.uk

我以一种平静和理性的方式生活。拥有11年资深兽医护士的经验。如果有可能，我希望骑着我的小马去工作。

商业头脑

- 通过提供个人销售计划和为每个业务制定议定书，使Hills Prescription Diets营养餐达到并保持了市场中的领先地位。每一只狗手术之后，主人都会得到一个“恢复包”，从而建立了知名度，并提升了Gastro Intestinal Diet营养餐的销售额。
- 增加了通过参与宠物治疗而出售的宠物保险单数。选择出哪些治疗最有可能产生额外的保单销售，并提供促销材料、培训和支持。产生了新的保单，以及能够参与到该方案的后续业务。（宠物保护中心，2000）

建立并影响关系

- 经常拜访、通知、培训“处方和生活阶段饮食”活动，提供促销订单，使Hills Pet营养素能够销量保持首位，并成为“兽医喂养自己宠物的首选”。（2005）
- 宠物保护中心是一家宠物保险公司，有444种业务可供选择，我的区域一共仅700种。需要确定哪些业务是具有前瞻性思维和保险意识的。通过业务建立起牢固的关系，提供了首屈一指的服务，并提供室内员工培训，展示出这些险种对宠物主人和治疗都具有好处。业务工作人员对保险条款建立了信心，推荐客户建立更长久的信任关系。对所有人来说都是个双赢方案。（1998—2001）

有效的交流和协商

- 专家级授课资质：由城市及行会指导&个人评估中心颁发证书。这是授予从事教育职业的国家职业资质。
- 增加了新的业务试用，同时现有业务产生的新险种也平均增加了10%。

LAURA NEILSON

Helicopter House, Merryfield, Nr Taunton, Somerset

Tel: 01884 ××× ×××,

E-mail: laura@elsewhere.co.uk

I have a calm and considered approach to my life. A qualified Veterinary Nurse of 11 years. If I could, I would ride my horse to work.

Commercial Awareness

- To grow and maintain the position of market leader of Hills Prescription Diets by providing individual sales plans and practice protocols to each practice. After every operation performed on a dog the owner is supplied with a "recovery pack", building awareness and increasing sales of the Gastro Intestinal Diet.
- Increased the number of pet insurance policies sold via participating veterinary practices. Made decisions on which practices were most likely to produce extra policy sales and provided these with promotional material, training and support. Generated both new policies and further practices that wanted to participate in the scheme. (Pet Protect 2000)

Building and Influencing Relationships

- Regularly visit, inform, train the practices on "prescription and life stage diets" and provide promotional offers in order for Hills Pet Nutrition to stay no. 1 and be "The Vet's no. 1 choice to feed their own pets". (2005)
- Pet Protect became the pet insurance company of choice in 444 practices, out of 700 in my region. Had to ascertain which practices were forward thinking and insurance minded. Built strong relationships with practices, provided a service second to none and supplied in-house staff training, demonstrating the benefits of the policies for both pet owners and practices. Practice staff became confident in the insurance policy to recommend building a further bond of trust with their customers. Win-win scenario for all. (1998 to 2001)

Effective Communications and Negotiations

- Professional Teaching Qualification: Certificate in City and Guilds Coaching

获得了所需货架空间，用来在整个区域内的业务中推广保险产品。符合业务所需的特点、长处，以及产品的备份系统，确保了高效服务。为业务人员建立起一个完整奖励/激励制度，确保宠物保护中心能够有效运行办公室后台进程，例如，在收到索赔申请后48小时内做出行动等。

组织灵敏度

每月空出20小时的时间，确保兽医和护士都各司其职。在英国范围内对相似的业务制定基准，研究前两年的业务记录，并找出某种趋势。设计出新的员工值日表，抓住各体制的优势，将员工解放出来，专注于各自的核心职责上去，并且不会进行没有收益的任务。由于护理团队可用于剧院、咨询、住院病人、业务管理等方面，从而获得了更高的效率和节约。在一个繁杂的农村业务中使得一个7人护士团队运转平稳正常。（兽医集团，1998）

职业履历

Hills Pet Nutrition：兽医区域经理 2001年至今

为顾客提供兽医和治疗营养餐，保持市场领先地位。由Colgate Palmolive Group集团所有。

宠物保护中心：区域性兽医经理 1998—2001

GE财务保险公司的子公司，在宠物保险市场位居第二。在宠物治疗业务中增加分销网络。

兽医集团公司：兽医护士长 1989—1998

专业资质

兽医护理文凭

城市及行会指导&个人评估资质

& Assessing Individuals. This is awarded to those teaching and working with candidates for their vocational NVQ (National Vocational Qualification).

- Increased number of new practice trials and increased the number of insurance policies produced from existing practices on average by 10%. Gained required shelf space to promote the insurance products in practices throughout region. Matched the practice needs to the features and benefits and back-up systems of the product, ensuring efficient service. Put in place an award/incentive scheme for practice staff and the practice as a whole and ensured efficient running of back office processes at Pet Protect, for example, on receipt of a claim payments being made to the practice within 48 hrs etc.

Organizational Agility

Freed up an additional 20 hours of time per month, ensuring vets could be vets and nurses could be nurses. Benchmarked similar practices around the UK, studied last two years of practice records and discovered certain trends. Devised new staff rotas to take advantage of the patterns and freed staff up to concentrate on their core responsibilities and not be diverted to unproductive tasks. Greater efficiency and savings made as nursing team were available for theatre, consulting, hospitalised patients, practice administration etc. Led to the smooth running of a team of seven nurses in a busy mixed country practice. (The Veterinary Group 1998)

Career History

Hills Pet Nutrition - Veterinary Territory Manager 2001 to present

Market leader in supplying vets with prescription diets for their customers. Owned by Colgate Palmolive Group.

Pet Protect - Regional Veterinary Manager, 1998 to 2001

Subsidiary of GE Financial Insurance and ranked no. 2 in the pet insurance market. To increase distribution network amongst the veterinary practices.

The Veterinary Group - Head Veterinary Nurse, 1989 to 1998

Professional Qualifications

Veterinary Nursing Diploma

Certificate in City & Guilds Coaching & Assessing Individuals

克里斯丁·科尔曼
76 Street, Upper West, NY
电话（英国）：44（0）××××××××，
电话（美国）：1 212-×××-××××
Email: cc@luxuryretail.com

拥有开放的思想，并且了解我身边的人和事，使我能够处理严重问题。在奢侈品行业拥有7年的国际经验，并且在2005年通过可靠正规的教育获得了MBA。

交付结果的能力

- 超出了Crème de la Mar销售目标的25%，并与Saks建立了几百万美元的强大关系。建立起一个忠实客户群，在理想客户档案中加入GdlM和Saks。管理内部及外部团队，组织鼓励产品使用及储备客流量的活动。获得首选供应商地位，并应邀同其他首选奢侈品供应商一道参与Saks的公关活动。
- 超出了2002年Revive的年度销售目标的15%，由内曼·马库斯商店在佛罗里达独家分销。通过对独家销售顾问和有关部门员工（包括女式时装、设计师、化妆部门等）进行培训，扩宽了Revive产品的认知，以便交叉销售Revive，并使之成为产品首选。在三个月内与Revive和NM的高层主管提议并通过了新的地点，认清机会，增加了特许专营店的客流量。
- 创造并实施了新的战略，使Revive Lip和Perioral Penewal Cream的销售额增长50%。由两个市场领先的化妆品品牌最大化瞄准18～25岁市场。使Revive产品能够进入这一利润丰厚的新市场。

相互信任的领导关系

- 创造了一种环境，通过不断满足每个人的需求，并使其介入决策团队，使个人具有存在感，这对公司建设是很有价值的。（Revive，2002）
- 提高了团队的效率，并使其能够超过既定目标的25%。策划了一个门户开放政策，用来激励我的团队，鼓励他们自由表达观点，这样他们就了

CHRISTINE COLEMAN

76 Street, Upper West, NY

Phone (UK): 44 (0) ××××××××× Phone (US): 1 212-×××-××× ,

Email: cc@luxuryretail.com

I tackle the real issues by having an open mind and understanding what and who is around me. Seven years of international experience in the luxury goods industry and a solid formal education culminating in the completion of my MBA in 2005.

Ability to Deliver Results

- Exceeded Crème de la Mar sales target by 25% and built a strong relationship with key Saks $multimillion account. Built a loyal-end user client base that fitted the ideal customer profiles of both CdlM & Saks. Managed internal and external teams, organized events to encourage usage of product and in store footfall. Preferred supplier status achieved and was invited to take part in Saks' PR events along with other preferred luxury goods suppliers.
- Exceeded 2002 annual sales target for Revive, exclusively distributed by Neiman Marcus in Florida, by 15%. Broadened product knowledge of Revive, through training of both exclusive sales consultants and staff in related departments including women's fashion, designers and the cosmetics departments, to cross sell Revive and became the preferred product of choice. Spotted opportunity to increase footfall to concession through proposing and agreeing new location within three months with both senior management of both Revive and NM.
- Created and implemented new strategy that increased sales of Revive Lip & Perioral Renewal Cream by 50%. Maximised the niche market of 18-25 years by teaming up with two market leading cosmetic brands. Opened up the opportunity to introduce Revive products to a larger number of this new and lucrative market.

Leadership through trust

- Created an environment were individuals felt their input was of true value in building the business through constantly meeting the needs of each individual and continuously involving the team in the decision making process. (Revive 2002)

解我可以带有风度和感情地接受任何新观点。（CdlM，2001）

热情的沟通

- 组织并出席艺术历史每月的研讨项目；选择艺术作品并向同行和专业学者展示。用自己的热情确保研讨会的各个方面受到了解，并鼓励观众互动和提问（艺术历史MA）
- 每周为WPRK（一个地方主流广播电台，拥有听众超过8万人）撰写并提交一份三小时的广播节目。主持并组织每周的听众来电和竞猜活动。（p/t，2000）

员工发展和培训

- 确保企业销售信息能够始终在网络上发布。设计、编写并出席了新老员工培训研讨会，研究企业结构及完整产品范围。每次演讲之后，主持详细的问答环节。为销售团队展示如何将Revive产品与其他商店的奢侈品结合在一起，以增加平均个体销售额。这样能够帮助维持内曼·马库斯商店作为Revive首选供应商的地位。
- 在倩碧引入一种员工激励制度，使年销售收入增长了10%。确保了团队有最优秀的产品知识，使其能够直接和间接推广产品。组织研讨会，使他们了解最新趋势、公司信息和活动。每个月，完成最高销售额的个人将获得奖励。

职业履历

2002—2003 客户经理，Revive Skincare，福罗里达州奥兰多内曼·马库斯商店

——负责营销、促销、预算和目标

——提交每月质量数量商业报告

——对员工进行产品培训，并为销售助理设立鼓励措施

——负责客户关系管理

2000—2002 商务经理，Crème de la Mar，福罗里达州奥兰多Saks Fifth Avenue

——发展内外部客户群

——培训和指导销售助理

——参与产品展示和描述

- Increased efficiency of the team and enabled them to exceed their targets by 25%. Motivated my team and encouraged them to freely express their opinions as instigated an open-door policy where they understood I would be receptive to any new ideas in a personable and empathetic manner. (CdlM 2001)

Passionate Communication

- Structured and presented Art History monthly seminar program; selected art works and presented to peers and professional academics. Ensured all aspects of the seminar were understood through incisive passion and encouraged interaction and questions. (MA in Art History)
- Wrote and presented a weekly three hour classical radio show on WPRK, a mainstream local radio station with an audience of over 80,000 listeners. Held and organized weekly listener call and in contest (p/t 2000)

Staff Development and Training

- Ensured corporate sales message was consistent across the distribution network. Devised, wrote and presented training seminars to new recruits and existing staff on the corporate structure and complete product range. After each presentation held detailed Q & A sessions. Sales team were shown how to combine Revive products with other luxury goods in store that increased average unit sale. This helped maintain preferred supplier status of Revive at Neiman Marcus. (2002)
- Increased the annual sales 10% with the introduction of an employee incentive-based scheme at Clinique. Ensured team had the best product knowledge enabling them to promote the range directly and via inter-selling. Held seminars to keep them updated on latest trends, company information and events. Each month the individuals with the highest sales were rewarded.

WORK HISTORY

2002-2003 Account Manager, Revive Skincare, Neiman Marcus, Orlando, FL

- In charge of marketing, promotions, budgets and targets
- Provided monthly qualitative and quantitative business reports
- Trained staff on merchandise and created incentives for sales assistants
- Responsible for customer relationship management

——负责完成月度和年度销售目标

1998—2000 产品专家，倩碧，福罗里达州奥兰多Saks Fifth Avenue
——负责对员工进行品牌教育培训
——为员工组织并管理教育性专题讨论会
——开发和维护客户数据库

1996—1998 化妆师，香奈儿化妆品，福罗里达州奥兰多Dillards

1993—1995 Lisa Maile Modelling及Judy Venn Talent Agency模特设计
——Calvin Klein, Guess, Ralph Lauren, DKNY, Nicole Miller, Escada, Tadashi, BCBG Max Azria, Lily Pulitzer, Dana Buchman, Liz Claiborne, Tommy Hifiger, Lacoste, Diana von Furstenberg.

教育

2004—2005　苏格兰格拉斯哥大学工商管理学位
2003—2004　英国约克大学艺术历史学士学位
1999—2003　佛罗里达冬季公园罗琳斯学院人文学科学士
2003　（实习）教育协调员助理：康奈尔大学美术博物馆
帮助发展儿童及成人艺术教育项目
2003　讲解员：Albin Polsek美术馆，佛罗里达冬季公园

2000-2002 Business Managers, Crème De La Mar,Saks Fifth Avenue, Orlando, FL

- Developed external and internal client base
- Trained and supervised sales assistant
- Participated in product presentation and detailing
- Accountable for achieving monthly and annual sales targets

1998-2000 Product Specialist, Clinique, Saks Fifth Avenue, Orlando, FL

- Responsible for employee education and training on brand
- Organized and executed educational workshops for staff
- Developed and maintained client database

1996-1998 Make-up Artist, Chanel Cosmetics, Dillards, Orlando, FL

1993-1995 Lisa Maile Modelling and Judy Venn Talent Agency Modelling Designers

- Calvin Klein, Guess, Ralph Lauren, DKNY,Nicole Miller,Escada, Tadashi, BCBG Max Azria, Lily Pulitzer, Dana Buchman, Liz Claiborne, Tommy Hilfiger,Lacoste, Diana von Furstenberg

EDUCATION

2004-2005	**Masters in Business Administration, University of Glasgow, Scotland**
2003-2004	**Masters of Arts in History of Art, University of York, England**
1999-2003	**Bachelor of Arts in Humanities, Rollins College, Winter Park, Florida**
2003	**(Internship)Assistant to Education Coordinator: Cornell Fine Arts Museums** **Helped develop art education programs for children and adults**
2003	**Docent: Albin Polsek Museum, Winter Park, Florida**

06

开始应聘
顶级公司吧

Start

开始应聘顶级公司吧

《应聘顶级公司》引领招聘过程进入21世纪，第一次用综合方式获得你真正想要的工作，彻底打破了百年传统。这本书转变了你推销自己的方式。

在招聘过程的每一个步骤，通过以一种持续和累积的方式清晰界定和阐明你对其公司的好处，电梯推介将证明你是最值得雇用的人。

通过明确、评估和创造性地打包销售自己的可转移资本，你可以直接回答“你能为我提供些什么”这个问题，并以此证明：

- 你拥有他们要求的做事方法
- 你就是他们想找的人
- 你具备他们想要的东西
- 你曾在他们要求的地方工作

通过了解和认清自己的可转移资本，以及怎样及何时将你的最强和最相关一面展现给潜在老板，你可以将你的“卖点”和下一任老板的购买条件紧密匹配。在招聘过程的每一步，你已经建立了一种共同语言，将你的过去和现在的闪光点，以及你的前途与公司的前途以一种结构化的方式线性联系在一起。

你已经为自己的电梯推介创建了结构单元，每当面临每一个新机会时，你都可以量体裁衣，迅速搭建一个新的电梯推介。想要写封求职信，为一个面试作准备，填一张申请表格或写一份新的电梯推介简历吗？你当然可以。

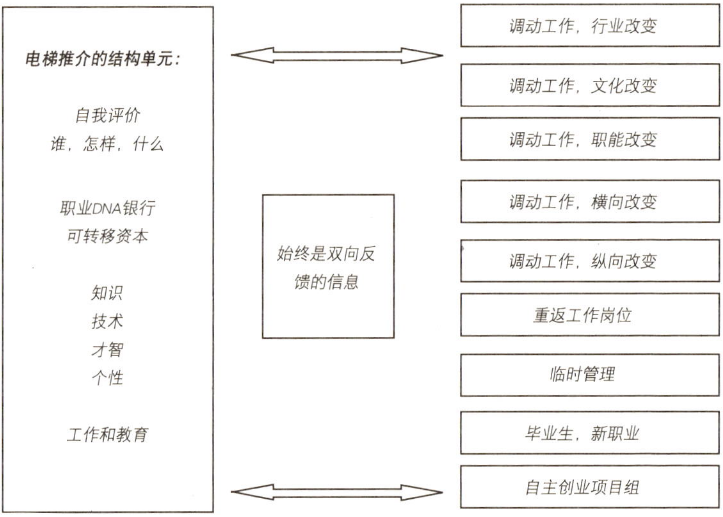

CHAPTER 06

图6.1　电梯推介的广泛性

在当今动态的工作环境中，你应该灵活设计电梯推介来满足你的需求。它以一种相关和富于针对性的方式将你的可转移资本——你现在和未来价值的源泉打包在一起。它使你在找工作的每一步都能成功定位自己，从而缩短整个进程。

正如图6.1所示，电梯推介能帮你跨越行业、职能、文化和地理。它能帮助你横向或纵向调动，重返工作岗位或实现职业生涯的突破。它不仅综合了多样性，还突出了特性。

每一件你需要知、说和行的事情。

一份你所编写过的最有效的简历。阅读它就会关注你。

一个你所获得的最好面试。你会获得关注。

把握自己真正想要的工作！

个人电梯推介相较于按年代排序的、行将过时的传统的简历来说是一次全新的改变。此书运用最新的营销技术，帮助人们展开新的职业生涯，是每个人的必备之书

卡蒂·奥姆斯·苏特

瑞士洛桑国际管理发展学院 MBA录取和就业服务主管

在面试前，当学生们第一次遇到雇主时，都需要在60秒或更短的时间内推销自己，向雇主简要表达自己的沟通能力。

卡林·阿什

美国琼森管理研究学院MBA录取和就业指导部主任

阅读这本自我推销的书籍（再一次阅读），当你行动时，就会更有说服力。

马克·斯麦里克

英国利兹大学商学院就业管理中心主任

不论是毕业生还是老道的商务精英，任何求职者都能从中获益。

克里斯·布里斯托

英国肯特大学商学院研究生管理中心主任